# Q&Aでよくわかる中小企業のためのM&Aの教科書

名南M&A株式会社
代表取締役社長
篠田 康人
Yasuhito Shinoda

SOGO HOREI PUBLISHING CO., LTD

# はじめに

近年、中小企業においてもM&Aを活用して成長発展を試みる企業が増えてきました。

これまでM&Aには、〝乗っ取り〟とか〝身売り〟といったネガティブなイメージが先行していました。これは欧米で行われていた一部のM&Aの事例が我が国においてセンセーショナルに報じられていたためです。

しかし、1990年代後半からは日本でもM&Aを戦略的に活用する企業が徐々に増えてきました。大企業を中心に、M&Aで企業規模をどんどん拡大し、成長発展する企業が現れてきました。とはいえ、この時代においてもM&Aは中小企業のものではありませんでした。

2008年のリーマン・ショックを経て、日本経済はまったく新しい時代を迎えました。人口減少、グローバル化の進展、IT技術の発達など、中小企業が置かれた環境は激変しています。こうした時代の波に乗り遅れることなく、企業を成長発展させていこうと考えたとき、M&Aが非常に有効な戦略であることに多くの中小企業の経営者のみなさまが気づき、それを自社の戦略に活用し始めています。

しかし、中小企業がM&Aを活用するには様々な困難が伴います。人材も資金も限られた中小企業にとって、たくさんの観点からの精査が必要なM&Aを進めることは決して容易《たやす》いことではありません。

私は2001年からこれまで約15年以上にわたり、100件以上もの中小企業のM&Aをお手伝いしてまいりました。その中には、売る側と買う側の両方の企業に喜んでいただいた案件もある一方、いくつかの失敗やつらい体験をした案件もあります。そこで、自分がこれまで培ってきた中小企業のM&Aに関する体験やノウハウを1冊の本にまとめて、もっと多くの人に知っていただきたいと考えました。

日々、M&Aのご相談をいただきますが、中小企業のみなさまからいただくご相談で多かったものをQ&A形式で解説することにしました。M&Aについての知識をまったくお持ちでない方でもM&Aのメリットやさまざまな手法の仕組みの概略、注意すべき事項、M&Aアドバイザーの活用方法などをご理解いただけるように、専門用語の類を極力使わずに書いたつもりです。

本書がみなさまのM&A戦略の一助となることを願ってやみません。

2016年6月吉日

名南M&A株式会社　代表取締役社長　篠田康人

# 目次



## 第1章

## 中小企業がM&Aを進めるときの注意点

# 第2章

# 中小企業が会社を売るときに注意する点

第3章

# 中小企業が会社を買うときに注意する点

第4章

# M&Aを支援する人たちの裏側

装丁／小松学（ＺＵＧＡ）
本文デザイン／飯富杏奈（Dogs Inc.）
本文ＤＴＰ・図表作成／横内俊彦

# 第1章

## 中小企業が M&Aを進めるときの注意点

question

01

# うちのような小さな会社でも、M&Aはできるのか？

answer

## M&Aに規模は関係ない

これまで「M&A」といえば、「大企業のもの」というイメージが強くあったかと思います。実際、新聞やテレビなどのメディアで報道されるM&Aのほとんどは、大企業のケースです。「サントリー、米ビーム社を158億ドルで買収」とか、「ソフトバンク、米スプリント社を220億ドルで買収」など、巨額の買収が報じられるたびに、中小企業にとってM&Aは遠く感じられたものです。

158億ドルといえば、1ドル＝110円で考えて1兆7380億円です。中小企業の経営者の方々が「M&Aなんて、自分には関係のない話」と考えても不思議ではありません。事実、これまではそうでした。しかし、M&Aとは本来、**企業同士の結合**を指すものです。そこに大企業や中小企業といった区別はありません。

## 中小企業でもM&Aが当たり前の時代へ

私が中小企業を対象にしたM&A支援業務を開始したのは2001年です。中小企業の経営者の方のところにM&Aのご提案をするためにお伺いしても、「うちは乗っ取り屋ではないぞ！」とか、「うちは身売りなんかしない！　身売りするぐらいなら廃業する！」と声を荒げられて怒られたものでした。

あるいは事業承継に悩む経営者の方がM&Aを決断されて、無事に売却先が見つかったケースでも、その経営者から「実は、会社を売るなんてことはしたくなかった。仕方なく売ったんだ」というお話を聞くと、自分の仕事の意味を真剣に考えざるを得ませんでした。

　しかし、Ｍ＆Ａの啓蒙活動を地道に続けておりますと、少しずつＭ＆Ａの有用性を理解いただけるようになってきて、Ｍ＆Ａが終わった後に経営者の方から感謝のお言葉をいただけるようになってきました。

「会社を買ったことで会社のみならず、自分自身も成長できた」

「会社を売ったことで肩の荷が下りて、これまで一緒についてきてくれた妻と余生を楽しむ時間ができた」

　といった言葉をいただくと、この仕事をやってきて良かったと心から感じます。

　さて、「小さい会社でもＭ＆Ａができるのか？」という問いには、２つの側面から考える必要があります。それは、「**買う（買収）**」側面と「**売る（譲渡）**」側面です。

## 会社を買う場合

　まず会社を買う場合ですが、資力さえあれば、会社を買うことはできます。ただし、買った後にその会社の運営をしていかなければなりません。資力のほか、人材拠出力も必要となります。このような観点から考えると、「会社を買う」には必然的に買う側にそれなりの規模が必要となってきます。実際、私がご相談をいただく案件の場合、買う側の企業の多くは年商5億円以上です。

では、「小さな会社ではだめなのか」というと、そういうことでもありません。私がお手伝いしたM&Aでは、会社を買った企業の売上高が年商1億円というケースもありました。ですから、小さな会社だからM&Aができないわけではありません。M&Aはあくまでも企業結合のための手段にすぎませんから、目的の合致、スキームの検討、資力の有無などの諸条件がクリアできれば、**中小企業でもM&Aで会社を買うことは十分に可能**です。

中小企業がM&Aで会社を買う際には、以下の観点で頭の中の整理が必要です。

**① 自社が成長するために必要なものは何か？**

**② それを手に入れるためには「自社展開がいいのか？」「M&Aがいいのか？」をコ**

スト、時間、必要な人材、実現可能性などの観点で比較する

この観点によれば、必ずしもM&Aを行う必要性はなく、自社展開でも可能なケースは多々あります。

M&Aは相手があって初めて成立するものです。よって相手を探すところから始めなければならず、自社展開に比べれば実現の可能性は格段に低くなります。

一方、売る会社が見つかりさえすれば、そこには得意先があり、社員がいて、事務所や工場があり、売上をあげ、利益もあげているため、自社展開に比べればそのスピードは格段に上がることになります。また、自社展開ではあくまでも予想であり絵に描いた餅でしかなかった経営計画が、M&Aではある程度予測できる数値となり、投資回収計画も立てやすくなります。

## 会社を売る場合

次に、会社を別の企業に譲渡することを考えた場合、小さい会社でも売れるのでしょうか？　答えは、**売れるときもあれば、売れないときもあります。**

私がこれまでお手伝いしてきた案件で、一番小さな売上高の会社は年商５０００万円弱です。その会社は加工業を営んでおり、売上の大半を加工賃が占めていることが年商の小さい要因でした。当社にご相談いただく企業の多くは年商２～３億円といったところでしょうか。本当に普通の、どこにでもある中小企業がM&Aで会社を譲渡しています。

会社を譲渡できるポイントは、会社を買う方が検討するポイントと逆の関係にあります。会社を買う方の目的は、新たな売上の確保や他地域への進出、新たな技術の確保などです。

「新たな売上の確保」という目的を持っている会社からすれば、売上規模の小さい会社をM&Aで手に入れても、メリットがあまりないので、検討の俎上《そじょう》に乗せにくいかもしれません。一方、他地域への進出や新たな技術の確保を目的にしている会社ならば、売上規模の優先順位は下がるので、M&Aを検討する余地があるかもしれません。

つまり、売上規模は、それだけでM&Aができる、できないという判断をするわけではなく、**M&Aを決断する一つの検討材料にすぎない**ということが言えます。

point

**M&Aが成立するかどうかは、売上規模の大小よりも、M&Aの目的や会社としての強みの有無のほうが重要になる。**

Q question 02

# 中小企業のM&Aはどのように進められるのか？

A answer

## M&Aにおける大企業と中小企業の違い

前項でM&Aを行うことに大企業であるとか、中小企業であるとかの違いは関係ないと述べました。しかし、大企業のM&Aと中小企業のM&Aでは、その内容や進め方に以下のような大きな違いがあります。

①大企業のM&Aには、友好的M&Aのほかに、敵対的M&Aもある。しかし、中小

企業のＭ＆Ａの場合、友好的Ｍ＆Ａがほとんどである。

② 大企業のＭ＆Ａでは、「仕掛け型」と呼ばれる、買収側から譲渡候補先へＭ＆Ａを提案するケースもあるが、中小企業のＭ＆Ａの場合、譲渡側から買収候補先へＭ＆Ａを提案するスタイルがほとんどである。

③ 大企業のＭ＆Ａでは、社内にＭ＆Ａ専門部署があり、その部署がＭ＆Ａを手がけるケースもあるが、中小企業のＭ＆Ａの場合、外部の専門家に業務を委託するケースがほとんどである。

中小企業がＭ＆Ａを進める場合、「**Ｍ＆Ａアドバイザー**」と呼ばれる専門家に相談するケースがほとんどです。

詳細については第４章で説明しますが、Ｍ＆Ａアドバイザーとは、Ｍ＆Ａを進められるか否かの初期検討から、Ｍ＆Ａの相手先の探索（**ファインディング**）、相手先が妥当か否かの検討、相手先の監査業務（**デューディリジェンス**）、相手先との交渉業務（**ネゴシエーション**）、交渉結果を書面にまとめる書面起案作業（**ドキュメンテー**

ション）、M&Aを実行していく業務（**エグゼキューション**）など、M&Aの始まりから終わりまですべてサポートしてくれる存在です。

## M&Aを進めるプロセス

M&Aを進めるための一般的なプロセスは図表1のようになります。それぞれについて、以下のとおり解説します。

### ❶ 秘密保持契約の締結

譲渡希望企業からお話をお聞きする前に、M&Aアドバイザーが秘密を保持することを確約するための**秘密保持契約書**を締結します。M&Aアドバイザーから秘密保持契約書を差し入れるケースもあります。

## ❷ 譲渡相談

M&Aアドバイザーが譲渡の目的・希望条件などについてヒアリングし、実現可能性などをアドバイスします。

## ❸ 企業評価

会社を譲渡する際、経営者の関心が最も高いのは「**自社が一体いくらで売れるのか?**」でしょう。ほとんどのM&Aアドバイザーは簡易評価を実施し、M&A市場も勘案したうえで、いくらぐらいで売れるのかを算定します。

## ❹ アドバイザリー契約の締結

M&Aアドバイザーへ相談する過程で、会社を譲渡する意思が固まったら、M&Aアドバイザーと**アドバイザリー契約**を締結します。

アドバイザリー契約とは、不動産媒介契約における専任媒介契約のようなもので、そのM&AアドバイザーにM&A業務のすべてを委託する契約をいいます。なかには、

■図表1　M&A業務の流れ

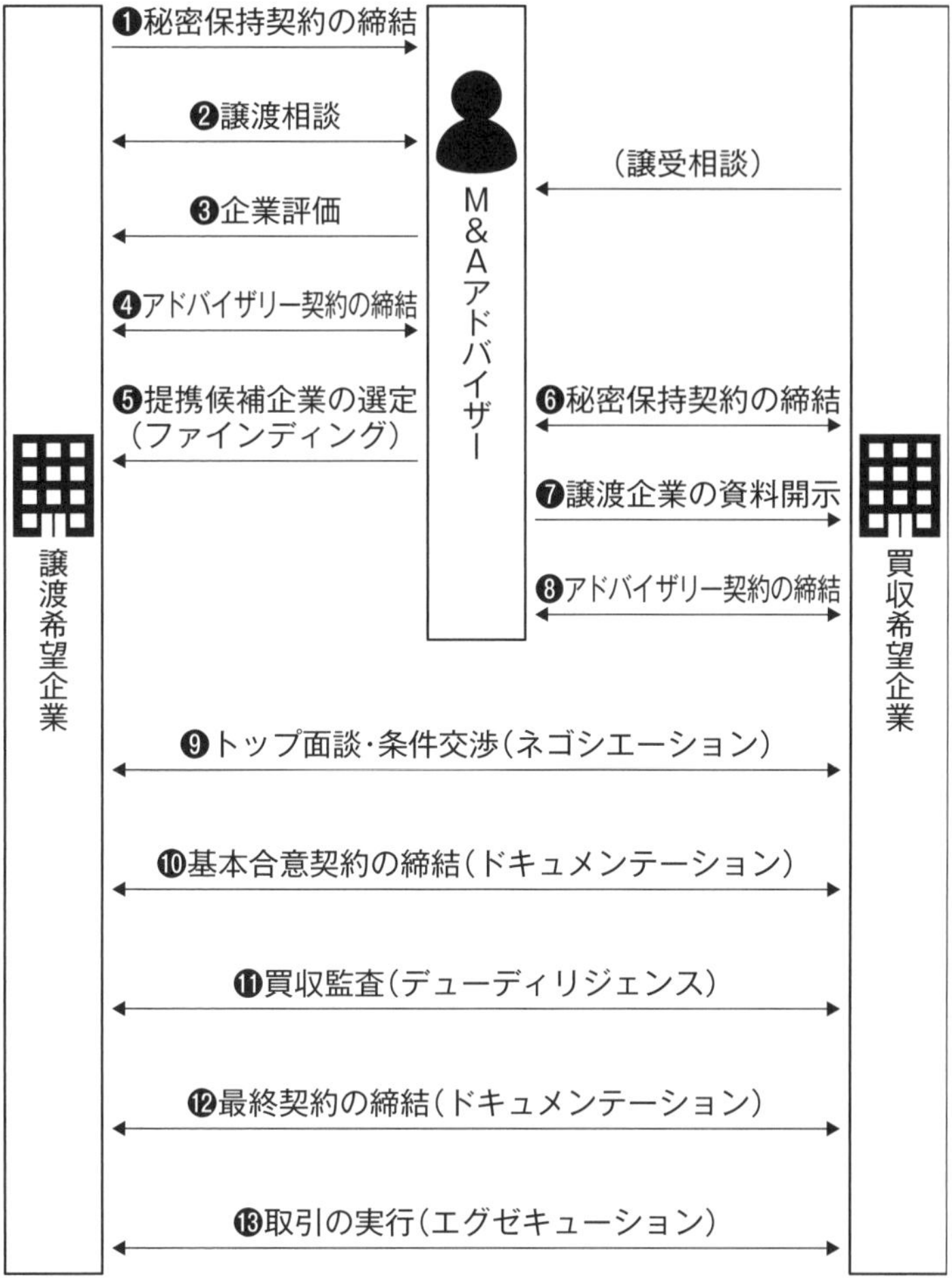
❶秘密保持契約の締結
❷譲渡相談
（譲受相談）
❸企業評価
❹アドバイザリー契約の締結
❺提携候補企業の選定（ファインディング）
❻秘密保持契約の締結
❼譲渡企業の資料開示
❽アドバイザリー契約の締結
M&Aアドバイザー
譲渡希望企業
買収希望企業
❾トップ面談・条件交渉（ネゴシエーション）
❿基本合意契約の締結（ドキュメンテーション）
⓫買収監査（デューディリジェンス）
⓬最終契約の締結（ドキュメンテーション）
⓭取引の実行（エグゼキューション）

M&A業務の一部だけを委託する契約もあります。

アドバイザリー契約を締結したら、譲渡希望企業のさまざまな資料を収集し、「**ノンネームシート**」と呼ばれるA４用紙１枚程度の簡単な説明資料と「**企業概要書**」と呼ばれるA４用紙20〜30枚程度の詳細な説明資料の２つを作成していきます。

## ❺ 提携候補企業の選定（ファインディング）

相手となる企業をリストアップしていきます。リストアップする際の視点は、①業種、②企業規模、③地域、④事業内容、⑤資力、などです。これらにマッチする企業を30社程度ピックアップしていきます。

ピックアップした後、譲渡希望企業にリストを確認してもらい、持ち込みの可否を確認してもらいます。また、持ち込みの順位づけも行います。

## ❻（買収希望企業との）秘密保持契約の締結

リストアップした企業へ順次、譲渡希望企業の紹介を行っていきます。その際、**秘**

**密保持契約書**を締結したうえで情報の開示を行います。「会社を売りたい」という情報が従業員や取引先などに漏れると、動揺を招き業務に支障をきたす恐れがあるからです。秘密保持契約書をきちんと締結した上で、情報提供をすることが肝要です。

## ❼ 譲渡企業の資料開示

まず、「ノンネームシート」で関心の有無を確かめます。関心があれば、「企業概要書」を開示した上で、プレゼンテーションを行います。譲渡希望企業の希望条件や今後のスケジュールについても説明を行っていきます。

## ❽ （買収希望企業との）アドバイザリー契約の締結

買収希望企業が企業概要書とM&Aアドバイザーからのプレゼンテーションにより興味を持った場合、M&Aアドバイザーとアドバイザリー契約を締結します。この契約により、買収希望企業は買収に向けて一歩踏み出すことになります。

## ⑨トップ面談・条件交渉（ネゴシエーション）

トップ面談とは、両社の代表が直接会う場面をいいます。トップ面談では、譲渡希望企業と買収希望企業それぞれが自己紹介を行い、また質疑応答も行います。お互いの会社を見学したりもします。この場はあくまでも〝交流〟の場であり、〝交渉〟の場ではありません。お互いの「人となり」を確認していただくのが目的です。

条件交渉については、お互いに言いにくいことがたくさんありますので、M&Aアドバイザーが〝緩衝材〟の役割を果たして譲渡金額や譲渡予定日などの条件のすり合わせを行います。

## ⑩基本合意契約の締結（ドキュメンテーション）

基本合意契約とは、トップ面談や条件交渉を通じて、譲渡側・買収側の双方がお互いを概ね理解し、M&Aを進めることに合意したことを確認するための契約です。

これは仮契約であり、いわゆる本契約ではありません。基本合意契約はあくまでも「**M&Aの検討をお互いに引き続き進めますよ**」というための契約で、この契約の中に譲渡予定金額や譲渡予定日、買収監査の進め方、独占交渉権の付与などが記載されます。

## ⑪ 買収監査（デューディリジェンス）

基本合意契約が締結されるとただちに**買収監査**へ入ります。

買収監査とは、これまで書面で確認してきた譲渡希望企業の各種情報について、証拠書類まで遡って、「正しいか否か」を買収希望企業の立場で確認する作業をいいます。

財務面では、「書面で示された資産が実在しているか」「書面に記載のない負債が隠れていないか」「損益計算書は正しく作成されているか（粉飾の有無など）」などをチェックします。

法務面では、「企業が締結しているさまざまな契約書はM&Aを進めるうえで妨げにならないか」「法令を遵守した経営がなされているか」などをチェックします。

労務面では、就業規則、賃金規定、退職金規定などの各種規程や、残業代や有給休暇、組織上の内規や稟議のルールなどについてチェックします。

ビジネス面では、営業の進め方、在庫管理方法、集金方法などについてチェックします。

買収監査によって基本合意契約締結以前に確認していた内容と相違が出てきたら、最終契約に向けて、再度条件調整を行っていきます。

### ⑫ 最終契約の締結（ドキュメンテーション）

買収監査の結果による条件調整も済んだら、最終的に合意したことを示すための契約書を作成していきます。この契約書がM&Aによる売買契約書となり、両社の完全な合意事項を示すための書類になります。そのため、両社で合意した、ありとあらゆる事項を記載します。

### ⑬ 取引の実行（エグゼキューション）

最終の契約書が完成したら、両社で押印を行い、その当日か、または別途定める日において取引を実行します。金銭の受け渡し、株式譲渡であれば株券の受け渡し、事業譲渡であれば譲渡資産の受け渡し、役員変更登記なども順次行います。保証人の変更などは役員変更登記が終わり、登記簿謄本が取得できるようになってから順次行います。

以上、①から⑬までで半年から1年程度かかります。

**point**

**中小企業がM&Aを進める際、トラブルなく進めるためにM&Aアドバイザーに依頼することが多い。**

question

03

# 年間、どれくらいの数の中小企業がM&Aを行っているのか？

answer

## M&A全体の7割は中小企業が絡んでいる

M&Aの成約件数の代表的なものとして、株式会社レコフデータが、企業がM&Aを行った旨を公にしたものをベースに統計をとり、毎年公表しています。

これによりますと、1986年に418件あった日本企業が絡んだM&A成約件数は年々増加の一途をたどり、20年後の2006年には2775件と6・6倍に増加しています。その後、リーマン・ショックの影響もあり、M&A成約件数は1687件

（２０１１年）にまで減少しましたが、アベノミクスによる国内景気の回復もあいまって、２０１８年には３８５０件まで再び増加しています。

中小企業だけのM&A件数をとったデータは公表されていませんが、過去、レコフデータが発表していたデータでは、全体の７割程度は中小企業が絡んだものとありました。今でもこのまま推移しているとすると、２０１８年は２７００件近い件数が、中小企業が絡んでM&Aが行われていることになります。１日のうち７件のM&Aが、日本全国のどこかの中小企業が絡んで行われているのです。

当社に寄せられるM&Aのご相談も９割は中小企業からであり、これは買収相談も譲渡相談もどちらもあります。それだけ中小企業がM&Aを志向し、実際に取り組んでいることがおわかりいただけると思います。その背景については後述しますが、M&Aが中小企業経営に欠かせないツールになりつつあるということです。

## M＆Aは買収や合併だけではない

ここでいうM＆Aは、広義に捉えられます。M＆Aというと、多くの方は合併や買収（100％子会社化）を想像するかもしれませんが、現実にはもっと大きく捉えられています（図表2）。

たとえば、他社と仕入や販売を協業する「**業務提携**」や、一部資本を入れる「**資本提携**」なども含まれます。また、持株会社の下で統合する「**ホールディング化**」なども含まれます。

単に「他社と統合する」「他社を引き受ける」というM＆Aだけではなく、他社と協業をする「合従連衡」は、これから国内市場が縮んでいく我が国において、ますます活用されるM＆Aのスタイルです。M＆Aを経営に活用する場合、こうした合従連衡型のスタイルも視野に入れて検討されることを強くお勧めします。

M＆Aは、相手がいなければ検討を進められませんので、一つの手法ありきではM

■図表2　M&Aの分類とスキーム

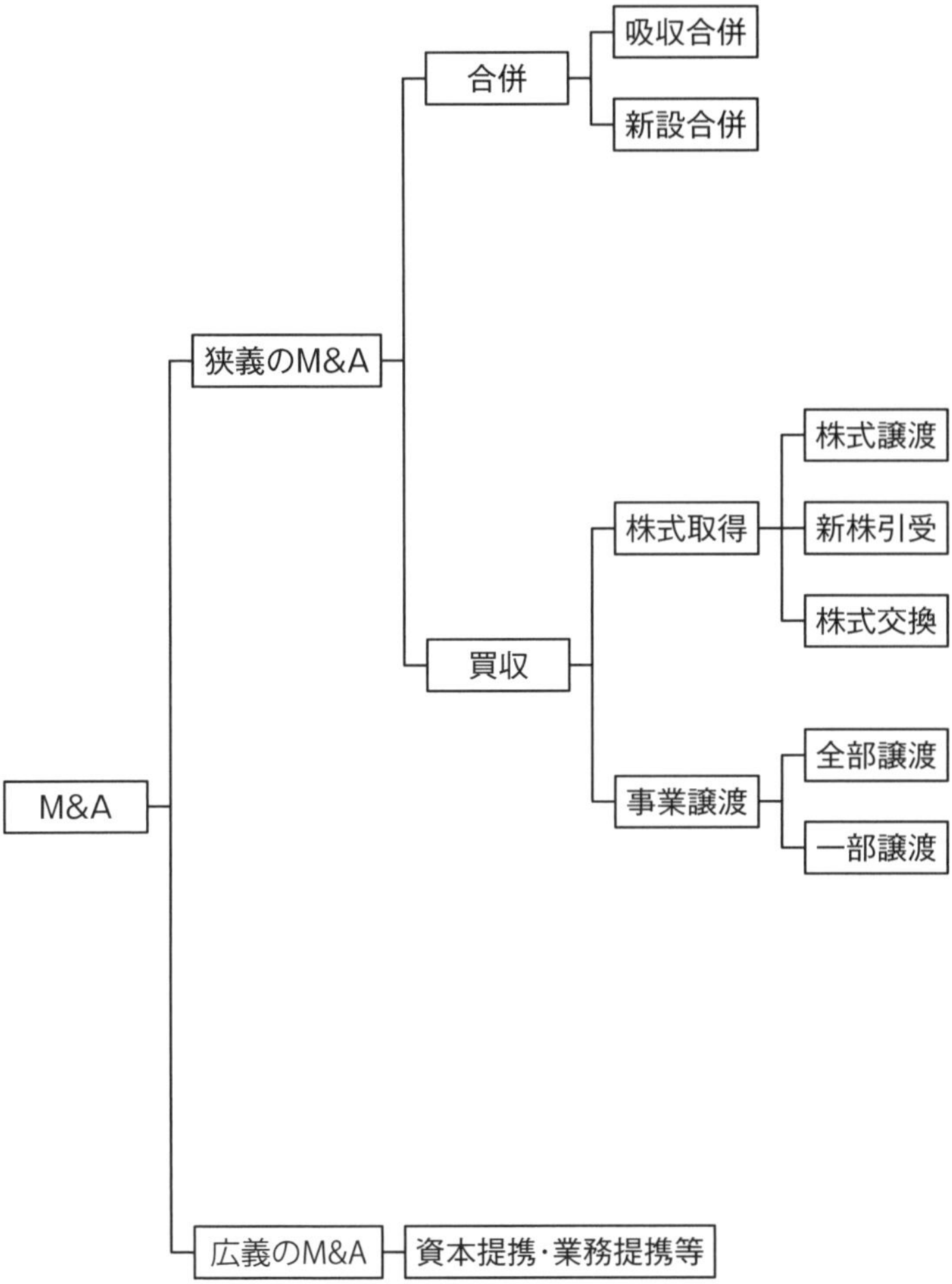

&A戦略が頓挫してしまうことが往々にしてあります。環境変化も速い昨今においては、複数の選択肢を持ったうえでM&A戦略を進めてください。

point

**日本のM&Aは毎年3000件以上行われており、その手法はさまざま。いろいろな視点でM&A戦略を検討してみよう。**

question
04

# 売り手と買い手、どちらが多いのか？

answer

## M&Aは売り手市場

当社に寄せられるM&Aのご相談は年間400〜500件程度あります。そのうち、30％は「会社を売りたい」というご相談、残りの70％は「会社を買いたい」というご相談です。私がM&Aアドバイザーの業務を始めた2001年当時は、「売りたい」10％、「買いたい」90％でしたので、近年は「売りたい」というご相談が増えてきていることがおわかりいただけるかと思います。

また、「会社を買いたい」という話は比較的社外に相談しやすいのに対し、「会社を売りたい」という話は経営者が考えていたとしても顕在化しにくいという事情があります。したがって、潜在的なニーズも合わせれば、現実には「売りたい」40%、「買いたい」60%程度であるのかもしれません。

もっとも、顕在化しているM&Aのニーズは圧倒的に買収希望が多いわけですから、**「M&A市場は売り手市場」**ということが言えるわけです。

次に、このようなM&Aのニーズの背景について考えてみましょう。

## 買い手のニーズは国内市場縮小による売上減少への対策

会社を買いたい側のニーズは、自社の売上アップやシェアの拡大、他地域への進出、自社業種と近似したいわゆる〝業際分野〟への進出、まったくの異業種への進出など、多岐にわたります。

ひとつ言えるのは、どの業種にも共通するのが**「将来的に我が国のマーケットは縮**

**小傾向であり、それに対応するためにM&Aを活用したい**」という意欲と危機意識です。

みなさんもご存知のとおり、日本の人口は２０３０年には1億１６６２万人と、２０１５年の1億２６８２万人から８％減少すると予想されています。これは日本の国内マーケットが８％縮小することを意味し、いうなれば企業の売上高も８％減少することを意味します。

これは先進国を見ても日本だけの現象です。２０１５年の世代間人口を見ると、「団塊の世代」と呼ばれる65～70歳の年代が多いわけですが、２０３０年にはこの世代の方々が退出していくことが予想されますので、人口が減少するわけです。

企業が成長するためには、売上の拡大は欠かせません。放っておいても売上高が減少していくこれからの時代において、他社を買収してその売上高を手に入れることが、企業戦略上、必要不可欠というわけです。

また、グローバル化やＩＴ化の進展により、経営環境は目まぐるしく変化していきます。これまでのビジネスモデルからの転換が求められている中で、すべてを自社で行っていては時間が足りません。よって、他社が手がけている事業を買い受け、それを自社内に取り込み、ビジネスの領域を増やすことを考えているのです。

## 売り手のニーズは、後継者不足による事業継承

一方、会社を売りたい方のニーズにも前述の「団塊の世代」が大きく関係しています。

現在、経営者の座にある「団塊の世代」の多くが引退の時期を迎えています。いわゆる**事業承継問題**です。2006年の『中小企業白書』で中小企業の事業承継問題が初めて取り上げられて以来、毎年のように『中小企業白書』に事業承継問題の記述が掲載されるようになりました。中小企業経営者は本格的な引退の時期を迎えており、それは2025年まで続くものと予想されています。

中小企業の事業承継はこれまで長男や次男などの子息が承継するケースがほとんどであり、子息もそれを当然のものとして認識していました。しかし、最近では職業が

多様化し、子息のやりたい仕事が必ずしも親が経営する仕事ではなくなってきました。また、親のほうも「子供にはやりたい仕事に就かせたい」という考え方が多くなってきました。

加えて、少子化の影響もあります。「長男が承継しないなら次男に継がせ、次男が承継しないなら三男に継がせよう」と昔は承継候補者がたくさんいました。しかし、今は「**長男が継いでくれなければ候補者が他にいない**」というケースが散見され、過去の事例が当てはまらなくなっています。そのため、〝**第三者承継**〟とでも呼ぶべきM&Aで会社を譲渡することで、事業承継対策としているわけです。

また、M&Aで会社を譲渡することは自社株の換金手段にもなります。中小企業の自社株は資産として相続税の課税対象となりますが、上場株式と違って、簡単に売れるわけではありません。

たとえば、現オーナー経営者が中小企業の株式100%を保有しており、その株式価値が5億円とします。オーナー経営者が不慮の事故で亡くなって、その個人資産を相続人が相続する場合、この5億円の資産も当然相続の対象となります。そして、5

億円の価値分の相続税を支払うことになるわけですが、それだけの現金が手元になければ、相続税を支払うことはできません。

不動産を相続する場合は、その不動産を売却するとか、現物で納付するなどの対応策はありますが、自社株を換金することは容易ではありません。そのため、事業承継者がいないのならば、現オーナー経営者が元気なうちに会社を譲渡して換金しておくことで、相続税支払いのための資金を確保することにつながるのです。

point

**中小企業のM&Aは売り手市場。買い手は企業成長の一環でM&Aを志向し、売り手は事業承継対策のためにM&Aを志向。**

question
05

# M&Aで多い業種はなにか？

answer

## 調剤薬局でM&Aが盛んな理由

M&Aのご相談を受ける際、「M&Aで多い業種は何ですか？」とよく聞かれます。実際、M&Aにおいて人気のある業種、人気のない業種、というのは確かに存在します。

ここ数年、M&Aが活発な業界は「調剤薬局」「ビルメンテナンス業」「人材派遣業」「IT系企業」などです。

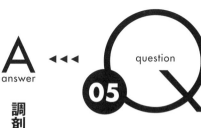

調剤薬局業界はここ10年程度、M&Aが盛んに行われています。現在、調剤薬局の店舗数はコンビニエンスストアよりも多いと言われており、新規出店の余地が限られつつあります。つまり、売上拡大を目指そうと思えば、他社を買収するしかないわけです。

その一方で、医薬分業が急速に進み始めた1997年以降に開業したいわゆる「門前薬局」（病医院に隣接する調剤薬局）の経営者の多くは、その後20年弱を経過して高齢化が進展しています。こうした高齢化を迎えた調剤薬局の経営者が譲渡を志向しつつあるのです。

そして、調剤報酬の変化もあります。日本の医薬分業の進展は利益誘導によるものが大きかったこともあって、本来的な欧米型の医薬分業とは程遠いものです。厚生労働省はこのスタイルの変換を迫るべく、利益誘導で増やしてきた調剤薬局に対し、調剤報酬の減額を決定しました。このことは、調剤薬局を運営する経営者に対し、業界再編を迫り、効率化を促すものであり、調剤薬局業界においてM&Aが増加している要因ともなっています。

## その他、M&Aが盛んな業界

その他、M&Aが盛んな業界にいわゆる**「ストック型」**のビジネスモデルをとっている業界があります。たとえば、ビルメンテナンス業や人材派遣業などは典型的な「ストック型」のビジネスモデルです。

ストック型のビジネスモデルとは、お客様との契約により、ほぼ毎月決まった収入が入ってきて、契約者が増えれば収益も増えていく事業のことをいいます。こうしたストック型ビジネスにおいて、市場の拡大が見込めない業界においては、M&Aで他社を買収し、その顧客を獲得することが事業の拡大に必要であり、M&Aにおいて成約・相談件数ともに多くなる理由です。

それから、IT業界もまた現在M&Aが盛んな業界と言えます。

IT企業のビジネスの成功ポイントの一つに人材があります。良い人材の確保が企業の盛衰を左右するといっても過言でありません。また、IT系企業は環境変化が他業界に比べて著しく速く、その環境変化にすばやく対応していかなければなりません。人材の確保と環境変化への対応を目的にＭ＆Ａを志向する企業が多い業界です。

## Ｍ＆Ａで重要なのは、企業としての魅力

もっとも、私は「**企業として魅力があれば、Ｍ＆Ａについて業種は関係ない**」と考えています。

「企業としての魅力」とは何でしょうか。それは財務体質であったり、業態であったり、ビジネスモデルであったりします。

「企業経営は環境変化への対応だ」とはよく言われることですが、企業が常日頃から環境変化を意識し、ビジネスモデルや組織体制などを新しい環境に合わせたものに変化させ、発展し続けられる企業体に変革し続けていることが、結果的に財務体質を安定させ、収益が上げられる企業になり、他社から見ても魅力ある企業となるわけです。

そして、環境変化に対応しようしたとき、ビジネスモデルの変革や組織体制の見直し

だけでは足らない場合、他社との協業、すなわちM&Aを志向することになるのです。

業種業界に限って言えば、前述した業界のほかに、「建設業界」「医療・介護業界」「運送業界」などもM&Aの多い業界です。人材の確保であったり、他地域への進出であったり、業界再編の流れであったりなど、その理由はさまざまです。

ただ、当社の相談件数の内訳をみたとき、業界に偏りがあるかといえばそうではありません。当社が本社を置く東海地方はトヨタ自動車関連の部品メーカーが多くありますが、そのようなメーカーからのご相談が多いのかといえば、そうでもありません。部品メーカー、調剤薬局や人材派遣などのサービス業、小売業や卸売業、建設業など、多岐にわたる業種からご相談があります。

事業承継問題に業界は関係ありませんし、各業界とも将来的な市場縮小の中で生き残りを模索していかなければなりません。M&Aにおいて人気のある業種は確かにありますが、今後は業種に関係なく、**経営手法の一つとして、すべての企業がM&Aを検討していかざるを得なくなる**ものと思います。

我が国における企業の置かれている環境の変化は、これまでの変化とは違い、初めて〝市場縮小〟という場面を迎えるわけです。「M&A」というドラスティックな経営手法を活用して、この**困難な時代を乗り切るための力**としていただきたいと思います。

point

**M&Aはあらゆる業界で検討され始めている。M&Aをするためには「企業としての魅力」を保ち続けることが重要である。**

# 第2章

## 中小企業が
# 会社を売るときに注意する点

question

# 06 「会社を売る」ということは、どういうことか？

A answer

## M&Aでもっとも多いのは株式譲渡

「会社を売る」。この言葉にどんなイメージをお持ちになるでしょうか。

私がM&Aの仕事を始めた15年前、「会社を売る」ということに対して、経営者が抱くイメージには2つあったかと思います。

ひとつは、非常にネガティブな「**身売り**」というイメージです。経営が立ち行かなくなり、他社に支援を仰ぐために会社を売る。手形を落とせない、今月の給料を支払えないなど、資金繰りに窮した企業がやむを得ず他社に支援を仰ぐ。こんなイメージです。

もうひとつは、「会社を売る」ということに具体的なイメージが湧かないことです。「商品を売る」「土地を売る」のならイメージが湧きますが、「会社を売る」ということが想像できないケースです。会社にはお客さんがいて、仕入先がいて、社員がいて、在庫や不動産を持っていて、営業所もいくつかある。そんな会社を売るとはどういうことなのか、イメージが湧かないのです。

しかし、その後、M&Aの成約件数が伸びるとともに、M&Aのスキームも中小企業の間で浸透してきました。中小企業におけるM&Aスキームは「**株式譲渡**」と呼ばれる手法が圧倒的に主流です。図表3をご覧ください。

後継者がいないAさんはA社株のすべてを保有しています。AさんはB社に対し、保有しているA社株を売却します。一方、事業を拡大したいB社はA社株式を100%買い受けることで、完全子会社化します。そして、A社へ社長と役員陣を派遣し、経営を行っていきます。これが株式譲渡のスキームです。

■図表3　株式譲渡のスキーム

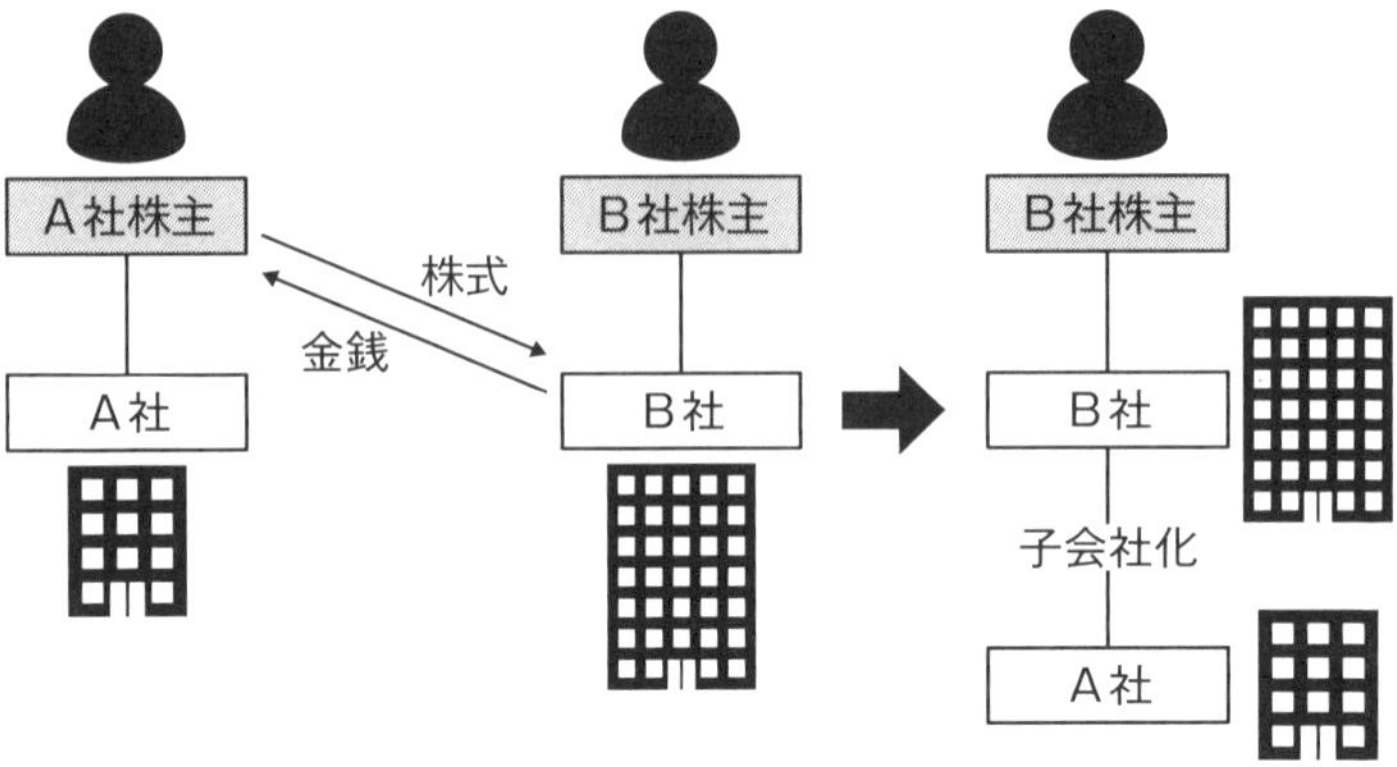


株式譲渡は**法人格を譲渡**するので、Ａ社という法人はそのまま残り、また、Ａ社が保有する資産や負債、各種契約、知的財産、許認可などはＡ社が保有し続けたまま株主であるＢ社が支配することになります。

株式譲渡のスキームを用いると、株式と金銭のやり取りだけでＡ社の事業のすべてを引き受けられることから、非常に簡便であり、中小企業のＭ＆Ａではもっとも多く活用されている方法です。この方法ですと、お客さんや仕入先、社員、在庫や不動産などを一括して譲渡することができるのです。

ただし、中小企業の場合、法人名義で保有している資産の中に、社長個人が使用しているものがあったり、また法人と社長個人との間に金銭の貸し借りがあったり、社長個人が所有する不動産を法人へ貸し付けているケースがあるなど、法人と個人の区分があいまいなケースも数多くあります。

こうした場合、株式譲渡による法人格の譲渡では都合が悪いことも出てきます。株式譲渡をすることで、引退後に社長個人が必要としていた法人名義の資産を相手に譲り渡さなければならなくなるからです。たとえば、法人で掛けている生命保険などはその典型で、企業によっては法人で保険を掛けているから、社長個人はまったく保険を掛けていないケースがあります。この場合、社長が引退後、法人の保険がなくなったから個人の保険に再加入しようとしたら、高齢のために再加入ができないというケースも出てきます。

また、株式譲渡のスキームでM&Aを進めるにあたっては株主構成の整理が必要となります。株式譲渡は全株式を１００％譲渡できなければ、譲受企業は購入してくれません。したがって、同族関係者以外の株主がいるとか、行方不明の株主がいるなど、株主構成が複雑な場合、次にご紹介する事業譲渡のスキームも選択肢のひとつとなってきます。日ごろから自社の株主名簿は整理しておきましょう。

## 株式譲渡の欠点を補う事業譲渡

前述のように、株式譲渡は簡便で使いやすいため、中小企業のM&Aでは王道の方法ですが、その反面、法人そのものを丸ごと譲渡するために、不都合な面もあります。その不都合を解消するためにあるのが**事業譲渡**という方法です。

では、事業譲渡とはどんな方法なのでしょうか。株式譲渡の使いづらい点を解消してくれる方法が事業譲渡です。事業譲渡とは、文字どおり「事業を譲渡する」方法です（図表4）。

事業はさまざまな資産を用いて行われています。ときには借金（負債）もします。これら資産や負債を個別に一つひとつ譲渡していく方法が事業譲渡です。

たとえば、製造業で工場を保有するA社が、副業で駐車場賃貸も行っているとします。A社の社長は後継者がおらず、M&Aによる譲渡を検討しています。

■図表4　事業譲渡のスキーム

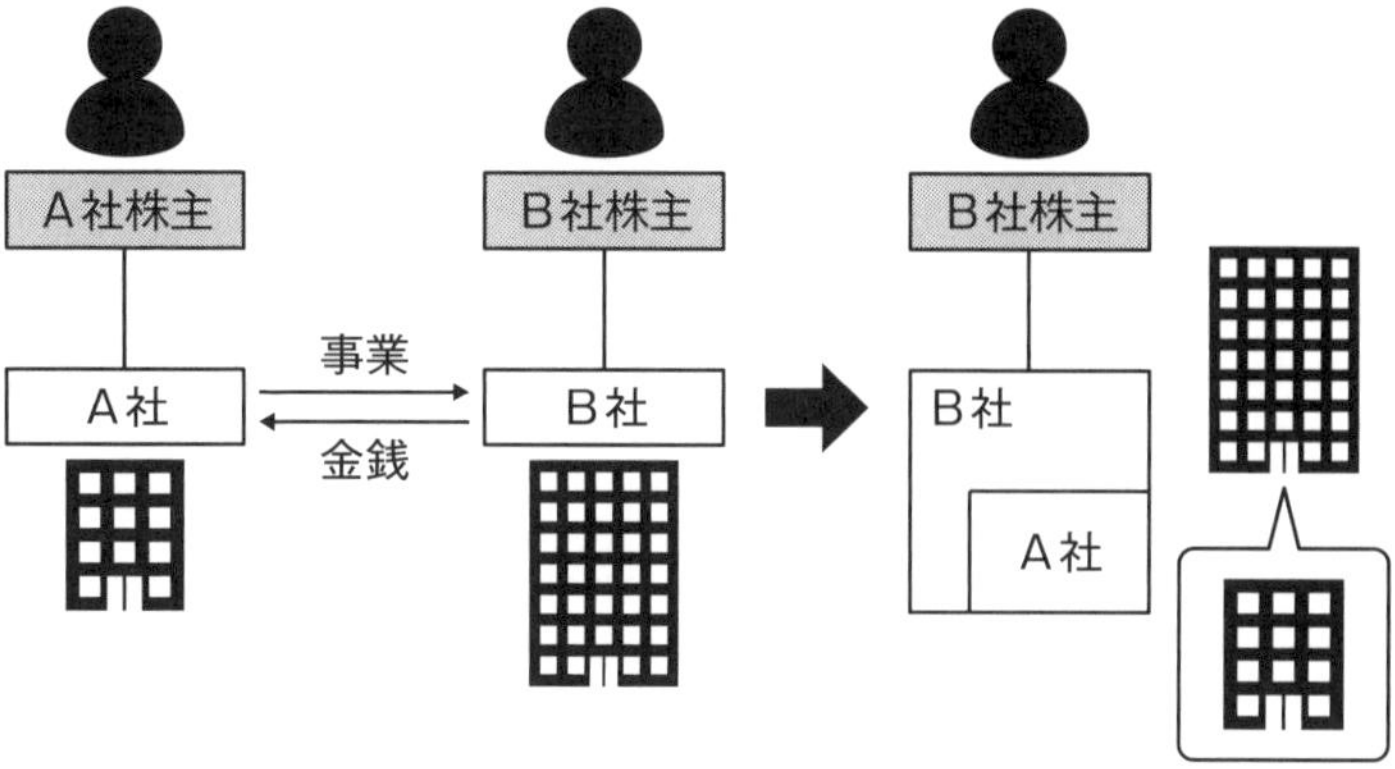


A社社長は、引退後は副業の駐車場賃貸業で生計を立てていきたいと考えています。しかし、株式譲渡による法人格譲渡をしてしまうと、駐車場賃貸業まで一緒に売却してしまうことになり、都合が悪くなります。一方、B社が欲しいのはA社の製造業部分だけであり、駐車場賃貸業は必要ありません。このような場合にとられる方法が事業譲渡です。

まず、A社の製造業に関する資産と負債を列挙します。また、A社の製造業に関する契約も列挙します。この契約には取引基本契約や労働契約なども含まれます。事業譲渡では、製造業部分の資産・負債・契約をそれぞれB社へ譲渡して、B社内の事業とします。株式譲渡では、B社はA社を100%子会社化して実質的に事業を手に入れましたが、事業譲渡では、A社の事業をB社内に取り込んでしまうのです。また、事業譲渡では譲渡する資産を選択することができるのも魅力です。

このように株式譲渡のデメリットを補ってくれるのが事業譲渡ですが、残念ながらデメリットもあります。それは、個別資産・負債の譲渡なので、**それぞれに名義変更が必要**になることです。また、法人格の譲渡ではないため、**許認可によっては引き継げない**ケースが出てきます。さらに、契約もすべて結び直しとなるため、**契約によっては引き継げない**場合も出てきます。事業譲渡を選択する場合、このようなデメリットをよく考慮したうえで検討を進めることが大切となってきます。

## 合併は株主保有割合の面で難度が高い

株式譲渡と事業譲渡以外にもM&Aのスキームは多種多様に存在します。

■図表5　合併のスキーム

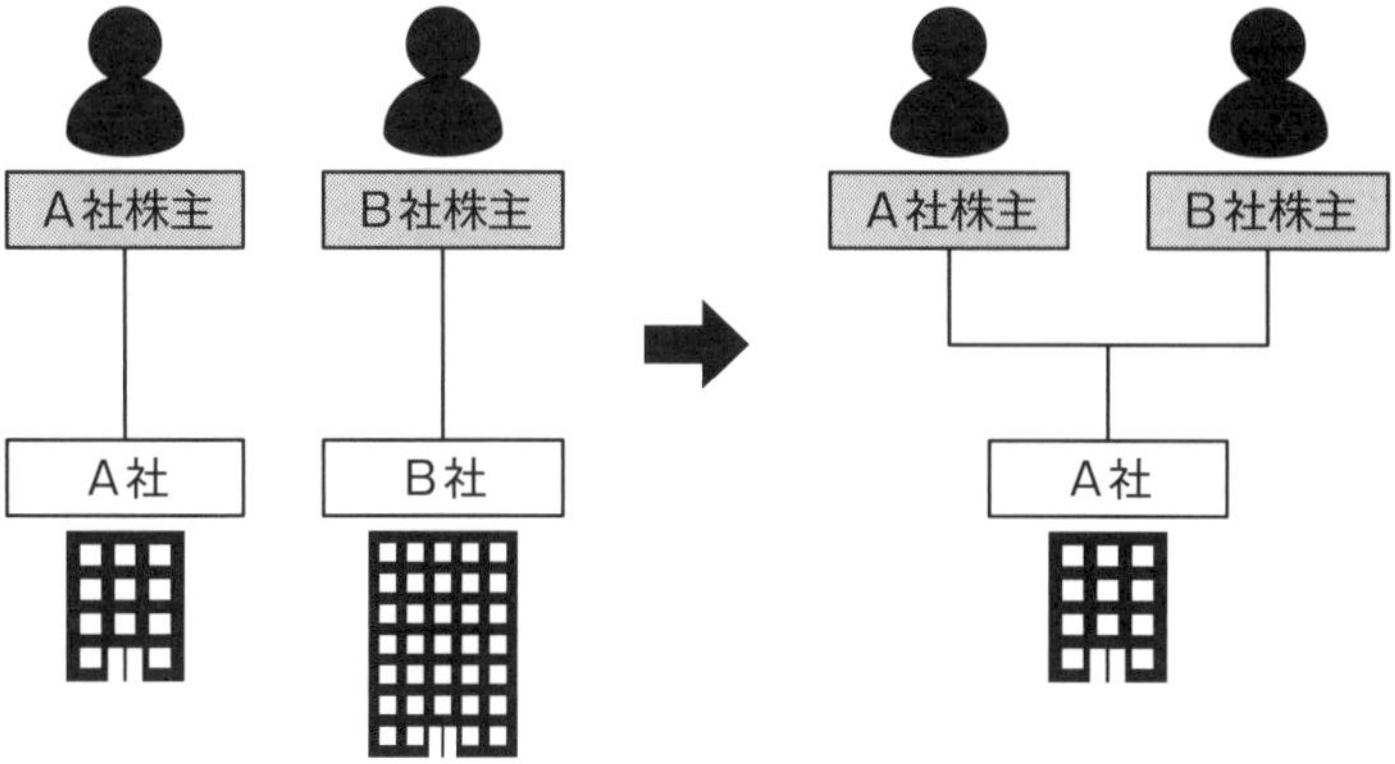


たとえば、**合併**。M&Aの語源でもあるMerger & Acquisition は直訳しますと、「合併と買収」です。ここでいう合併とは、複数の企業が1つになることですが、**新設合併**と**吸収合併**の2種類があります。

ただし、経営権の承継と支配権の承継を進めることを考えると、「合併」という手法はとても使いづらいやり方です。

合併とは、複数の企業を1つの企業にする方法です。企業にはそれぞれ株主がいますから、合併後は1つの企業にそれぞれの株主がつくことになります。図表5をご覧ください。A社にはA社株主が、B社にはB社株主がいます。合併には新設合併や吸収合併などの方法はありますが、どちらを用いても最終的には図表に示した形になります。1つの企業にA社株主とB社株主のそれぞれが存在することになるのです。

合併が使いづらい理由の1つが、このA社株主とB社株主の「株式保有割合をどうするか」という問題です。株主は相応の権利があり、この株式保有割合は、企業運営にとってとても重要な要素です。図表6をご覧ください。

このように、株主は1株でも保有していれば、株主代表訴訟を起こせます。また、それぞれ保有割合に応じた権利が付与されています。会社を経営する立場からすれば、なるべく自身の思うように経営をしていきたいと考えるのが当然であり、経営が滞るかもしれないリスクはできるだけ排除したいと考えるのが当然でしょう。

例を挙げながら説明します。A社は後継者が不在の企業であり、オーナー社長であるAさんは引退を考えているとします。そこで、B社のオーナー社長Bさんに合併をもちかけました。B社は事業拡大を考えており、A社の事業内容に魅力を感じています。そこでBさんはAさんからの申し出を快諾しました。

いざ、合併をすると決まり、いろいろ検討していくと、株式保有割合の問題が出て

### ■図表6　株式保有割合ごとの株主の主な権利

| | |
|---|---|
| 1株以上 | 委任状・書類閲覧権、差し止め権（新株の不正発行、役員の不正執行）、各種訴権（株主代表訴訟、設立無効、新株発行無効）、議決・決議取消権 |
| 3％以上 | 会計帳簿等閲覧権 |
| 6カ月以前から3％以上 | 株主総会招集請求権、会社整理申立権、取締役等の解任請求権 |
| 10％以上 | 解散請求権、検査役選任請求権 |
| 1／3以上 | 「特別決議事項（2／3以上欄・※参照）」の否認 |
| 50％超「普通決議事項」 | 取締役・監査役の選任・報酬の決定、計算書類の承認、総会議長の選任 |
| 2／3以上「特別決議事項」 | 定款の変更、営業譲渡等の決議、取締役の解任、合併契約書の承認、合併設立委員の選任、第三者割当増資、資本減少、会社の継続、解散、株式配当、転換社債・新株引受権付き社債の発行　等 |

※特別決議は発行済株式数の過半数の株主が出席し、その議決権の2／3以上の賛成で決定する。

きました。Ｂさんは、新会社の社長には自分がなるので、株式保有割合もＢ社の株主で多数を占めておきたいと考えます。一方、Ａさんは、自分は引退するので事業はＢさんに任せるが、株式の価格はこれまでの自身の経営の結果でもあるので、正当な評価に基づいた株式保有割合としたいと考えます。Ｂさんからすれば、将来、Ａさんが株主の権利に基づき、合併後の新会社の運営にＢさんと異なる見解で意見をされると困るというわけです。

では、百歩譲ってＡさんが折れたとします。今回の合併の目的は、自身に後継者がいないところからはじまっているので、Ｂさんに経営を託して、Ａ社の利害関係者に迷惑がかからないようにしようと、株式保有割合をＢ社株主で３分の２、Ａ社株主で３分の１とすることに納得したとします。

しかし、ここでもう１つ事業承継のＭ＆Ａで合併が使いづらい理由が出てきます。合併してしばらくはうまく行っているでしょうが、いずれかのタイミングで、Ａ社に事が起こります。それはＡさんの死です。そうすると、Ａさんが保有する株式は、事業承継を考えなかったＡさんの親族へ相続されます。合併後の新会社の株主に、事業に何の関係もない株主が現われるわけで、Bさんは将来の経営に不安を感じることでしょう。そして、Bさんは相続のタイミングで株式の買い受けを提案するはずです。そうなってしまうのであれば、最初からBさんがAさんの株式全部を買い受けておけば、こうした不安はなくなるはずです。

## その他のスキーム

また、持株会社による統合や、株式交換・株式移転というスキームもあります。そのほかにもいろいろありますので、簡単にご紹介しておきましょう。

### ❶ 持株会社

持株会社とは、他の会社の株式を所有することで、その会社の事業活動を支配することを目的として設立された会社のことをいいます。事業活動を支配することが目的であるため、株式を保有することは投資が目的ではありません。

■図表7　持株会社の種類

| 持株会社の種類 | 内容 |
|---|---|
| 純粋持株会社 | 他社を支配することだけを目的とする持株会社。そのため、自社では事業活動を行わない。 |
| 事業持株会社 | 自らも事業活動を行い、他社も支配する持株会社。 |
| 金融持株会社 | 銀行、証券会社などの金融機関を支配する持株会社。 |

持株会社には、次の種類があります（図表7）。

- **純粋持株会社**……他社を支配することだけを目的とする持株会社。そのため、自社では事業活動を行わない。
- **事業持株会社**……自らも事業活動を行い、他社も支配する持株会社
- **金融持株会社**……銀行、証券会社などの金融機関を支配する持株会社

## ❷ 株式交換

株式交換とは、ある企業が対象企業を100％子会社にするための企業再編手法を

いいます。企業を買収する際、これまでは現金で対象企業の株式を買い取るしか方法がありませんでしたが、株式交換制度ができたことにより、自社株と買収先企業の株式を交換することで足ることとなり、株式を買い取るための資金を持たなくても買収ができるようになりました。

## ❸株式移転

株式移転とは、子会社となる既存会社の株主に対して、新設する親会社の株式を割り当てることで、１００％の親子関係を作り出すための企業再編手法をいいます。株式交換と似ていますが、その違いは、株式交換では対象となる親会社は既設会社になるのに対し、株式移転は新設会社になる点です。

## ❹会社分割制度

会社分割制度とは、企業のとある事業部門を分離独立させたり、他企業に承継させたりする企業再編手法をいいます。新設分割と吸収分割があります。新設分割とは、新しく設立する会社に、企業が切り離す事業部門を承継させることです。吸収分割とは、既存の他社に、企業が切り離す事業部門を承継させる分割制度です。

### ❺ 金庫株

金庫株とは、企業が発行済みの自社株を買い戻して、企業自身で保有している株式をいいます。これまで、企業が自社株を買うためにはストックオプションや自社株消却など、目的が限定されていましたが、金庫株の解禁後は、目的を問わず、企業は自社株を取得・保有できるようになりました。

point

**「会社を売る」とは、会社の株式を譲渡することである。また、事業譲渡という手法もあり、事情により選択する。**

question
07

# 〝身売り〟とM&Aの違いは何か？

answer

## 経営者に根強い「M&A＝身売り」というイメージ

前項でも書きましたが、Ｍ＆Ａのネガティブなイメージのひとつに「身売り」があると思います。

私がこの仕事を始めた２００１年当時、事業承継問題で後継者がいない経営者の方からご相談を受け、Ｍ＆Ａをご提案したとき、「うちは身売りなんかしない！　身売りするくらいなら廃業する！」と怒鳴られたことを今でも覚えています。

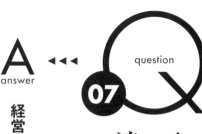

まだまだM&Aのスキームが認知されていないときだったので仕方ないのですが、自信を持って提案した私としては、とてもショックでした。その後、時代の変遷とともに後継者難で困っている企業は年々増加し、また会社を買収したい企業も増加する中で、M&Aのスキームは徐々に認知され始め、M&Aに対するネガティブなイメージは払拭されつつあります。それでも、M&Aに対して〝身売り〟というイメージを持つ経営者は少なくありません。

## M&Aはポジティブな経営手法

では、「身売り」と「M&A」の違いはなんでしょうか?

「身売り」の語源は人身売買であり、貧しい親がわが子を売るといった屈辱的な場面を連想します。会社の場合も、支払いに困って他社へ救済を求めるなどの支援を仰ぐという、経営者にとって屈辱的な場面が連想されます。そのため、「会社を売る」と言ったとき、「うちは経営に困っているわけではない。なのに、なぜ会社を売らなければならないんだ！」と身売りの屈辱的な面がクローズアップされてしまうのです。

しかし、**M&Aは決して身売りではありません**。M&Aとは「**他社との協業により、事業をより発展させること**」を目的とします。前項にも書いたように、M&Aのスキームは多種にわたり、「株式譲渡＝身売り」ではありません。

身売りの場合、会社の資産を叩き売り、換金し、社員も解雇していくなど、会社はちりぢりになってしまいますが、M&Aはそうではありません。得意先、仕入先、社員、技術、信用、ノウハウなどなど、これまで培われた企業の経営資源をお互いに活かして、さらなる発展を目指すものです。**非常にポジティブな経営手法**なのです。

残念ながら、経営が立ち行かなくなり、身売りのような形でM&Aを選択する企業も確かにあります。しかし、この場合も単なる事業や資産の切り売りではなく、M&Aと民事再生法などを併用することで、より効果が高く、利害関係者への影響も抑えたスキームの開発が可能です。M&Aは、こうした事業再生の場面でも大きく活用できるのです。この点が単なる「身売り」とは大きく異なる点であると言えます。

事業承継問題をM&Aで解決する一方、大手企業の傘下に収まることで、自社の得意であった小回りの利く営業と、大手企業の持つネームバリューと価格競争力を活かして、さらに発展している企業のケースがあります。この企業の経営者は70歳を超え、後継者もいないことからM&Aを選択しましたが、譲受企業を決めるときに出された要望は、「自社がさらに成長できる相手と組むこと」でした。

私は売り主の強みと弱みの整理を行ったうえで、この会社がさらに発展できるであろう相手をピックアップし、売り主の社長と何度もミーティングを重ねたうえで、対象先を絞り込み、提案を行いました。その結果、M&Aは無事に成約し、その後の経営もすこぶる順調です。M&Aを戦略的に活用し、事業承継問題とさらなる成長の両方を実現した好事例です。

point

**M&Aは身売りではなく、他社との協業を通じた、さらなる発展の可能性を秘めた経営戦略の1つである。**

question 08

# M&Aで「売れる会社」とはどんな会社か？

answer A

## 売れる会社とは、買い手から見て魅力のある会社

M&A市場において、残念ながら売れる会社と売れない会社というのは存在します。ここでは、「売れる会社とは、どういう会社なのか」をご説明します。**「売れる会社＝買い手がいる会社」**ということになります。つまり、**買い手から見て魅力のある会社が売れる会社**になるのです。

買い手から見て魅力のある会社。それは、財務内容であったり、ビジネスモデルで

あったり、得意先や商圏であったり、商材であったりします。

買い手の視点によっても異なりますが、私がM&Aによる譲渡のご相談を受けた際に、魅力ある会社か否かを確認するためのチェックポイントには、主として以下のようなものがあります（図表8）。

## （その1）財務内容

財務内容には2種類あります。財務諸表である「**貸借対照表**」の側面と「**損益計算書**」の側面です。

貸借対照表においては主として以下の観点からチェックします。

### ❶ 純資産

貸借対照表の右下に「**純資産の部**」という項目があります。ここには会社を設立してからこれまでの利益の蓄積が記載されています。

■図表8　「売れる会社」を見極めるチェックポイント

1. 財務内容
   - 貸借対照表
     - ①純資産
     - ②借入金の多寡
     - ③固定資産
   - 損益計算書
     - ①経常利益
     - ②売上高
     - ③役員報酬
     - ④保険料・賃借料等
2. 事業内容
3. 法人・個人の区分
4. コンプライアンス（法令遵守）の励行状況
5. 事業引き継ぎの可能性

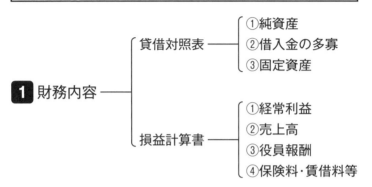

つまり、純資産の部の金額が大きいほど、これまで利益を計上し、それが蓄えられていることを意味します。健全に経営をしていることの証左となります。

## ❷借入金の多寡

企業は株主から集めた資本金と、金融機関などから借り入れた借入金を使って事業に投資を行います。そして、投資を行った結果が売上となり、そこから経費を支払って利益が残ります。

したがって、借入金が多いことがすぐさま企業体質に対して悪影響であるということではないのですが、**借入金の多寡は買い手が企業買収を行う上で、投資回収を算定する際の重要なポイント**となります。

買い手は買収金額とこの借入金を、買収した企業の利益から回収していかなければならないからです。

## ❸ 固定資産

前項の借入金の項目と同時に見なければならないのが**固定資産**です。

借入をして投資をした結果は、主に固定資産に計上されます。たとえば、工場の土地建物であったり、機械設備であったりです。借入金は多いけれど、その分、固定資産も計上されているのであれば、投資に見合う資産があるわけですから、ある程度許容できます。しかし、借入金が多いにもかかわらず、固定資産が少なく、反対に売掛債権や在庫が多い、といった場合、借入金は資金繰りに回っている場合が多いと考えられます。このときは「**流動資産の部**」を見ることで借入金の使途を探り、貸借対照表の健全性をチェックします。

次に損益計算書においては、主として以下の観点からチェックします。

## ❶ 経常利益

経常利益は企業が日ごろ経常的に上げ得る利益をいいます。企業が日常的に業務を行う中で計上する利益ですから、その企業の利益体質を見るのにもっとも適していると言えます。**ここがマイナス、つまり赤字であると、M&Aを進めるのに支障が出てくる**ケースがあります。企業が利益体質にないケースが多いからで、この場合、買い手は買った後に相応の投資をして、利益体質へと変換させていかなければなりません。その見通しが立たない中でのM&Aは、買い手の投資回収の目線からはありえないからです。

## ❷ 売上高

買い手から見たとき、**売上高のボリュームは買収の意思決定の目安**になります。買い手が買収を検討する際のニーズに、シェアアップ・売上拡大というケースが多くあるためです。

M&Aで会社を買う場合、自社展開かM&Aかの選択になるわけですが、たとえば、年間の売上高が1000万円程度の会社を買収する場合、買い手は会社を買うよりも自社展開をしたほうが早いのかもしれません。一方、年間の売上高が10億円規模の会社を買収する場合、年間10億円という売上高は早々に作れるものではありませんから、M&Aで会社を買収したほうが早いという判断になります。

### ❸ 役員報酬

中小企業の場合、法人税の節税などを目的に役員報酬額を調整するケースがよくあります。役員報酬をたくさん支払うことで経常利益を少なくするのです。その一方、役員報酬を少なくして、経常利益を多くすることもあります。すなわち、役員報酬が経常利益の調整弁に使われるケースがあります。そのため、**経常利益だけを見るのではなく、併せて役員報酬額も見て、整合性を図ります。**

### ❹ 保険料や賃借料など

前述の役員報酬と同じく、保険料や賃借料なども経常利益の調整弁に使われるケースがあります。そのため、これら項目は過年度の比較によって金額の多寡を確認し、経常利益との整合性を図ります。

その他、財務諸表のチェックは粉飾の有無や、簿外債務及び潜在債務の有無なども確認していきます。

## （その2）事業内容

買い手にとって、売り手の会社の事業内容はもっとも興味のある部分と言えるでしょう。そして、自社と同業であるのか、はたまた近似の業種なのか、チャネル上の業種なのか、まったくの異業種なのか、などによって、買い手の検討の度合いは変わってきます。

同業であればいいのかといえば、そういうことでもありません。事業内容の中身を精査していくと、マクロの視点では同業に属するが、ミクロの視点では相関性がない場合もあります。たとえば、金属加工業の場合、鉄を扱う業者と非鉄を扱う業者ではまったく違いますし、板材と棒材も違ってきます。逆を言えば、いま板材なので棒材を扱いたいとか、いま鉄を扱っているので非鉄へ参入したい、などのニーズはあるかもしれません。これが近接業種となります。

**事業内容を正確に把握することは、相手を見つける際に非常に重要なヒント**になります。取り扱い製品やサービス、物やお金の流れ、営業方法、得意先や仕入先などの内容、社員の構成など、事業がどのように成り立っているのかを逐一確認していきます。

## （その3）法人・個人の区分

中小企業の場合、法人資産と代表者やその親族の個人資産の区分が明確でないケースが多く存在します。具体的には、次のような場合です。

- 個人所有の不動産を法人に貸し付けている
- 法人で社長の自宅を建築し、社宅としている
- 社長を被保険者とした保険をすべて法人で契約しており、個人としての契約

がない
・社長の自宅が法人の借入金の担保に入っている
・社長が使用している車は法人名義である

M&Aを進めるにあたり、これら法人資産と個人資産を実態に合わせて、どのように区分していくかを確認することは、買い手にとって買いやすいか否かを検討する材料にもなります。

**法人資産と個人資産の区分がうまくいかない場合、M&Aの取引形態そのものが変わってくる**ケースも出てくるので注意が必要です。

## （その4）コンプライアンス（法令遵守）の励行状況

近年のM&Aでは、それを進める過程で「**買収監査**」という手続きが必ず実行されるようになってきています。

買収監査とは、買い手が条件交渉を進める過程で「**売り手から預っている資料が正しいのか、漏れている事象はないか、M&A取引を進める上での障害はないか、M&Aで買い受けた後に問題となりうる事象はないか**」などを確認する手続きです。最近では「**デューディリジェンス**」（due diligence）とも呼ばれています。

過去には、売り手と買い手の信頼関係から「実施しない」という場合もありましたが、最近ではコンプライアンス（法令遵守）の励行状況が企業の将来を左右する重要な事象になってきていること、上場会社は株主の目線も厳しくなってきていることから、買収監査がM&A取引における重要なステップになっています。

私もM&Aアドバイザーとして、M&Aが進められるか否かの重要なファクターとなりますので、コンプライアンスの励行状況を資料やヒアリングから確認をしていきます。たとえば、以下の事項を確認していきます。

- 労働法規に則《のっと》った運営がなされているか（例　社保の加入状況、労働時間管理、各種届出など）

・会社法に則った運営がなされているか（例　各種議事録の作成、適正な役員重任登記、株主変更時手続きなど）
・各種業法に則った運営がなされているか（例　業法に規定された資格者の確保、製造物責任、各種必要な届出の有無など）
・建築法制に合致した建築物か（例　建て替えが可能か？　増築は可能か？）

## （その5）事業引き継ぎの可能性

M&A取引の多くは株式譲渡であり、法人格の譲渡となりますが、実際の目的は事業を譲り渡し、譲り受けることです。そのため、**M&A取引後も事業が円滑に継承できるかどうかは重要なポイント**となります。たとえば、以下のようなものが確認すべきポイントです。

・現代表者の事業影響度合い

- 取引後の現代表者の引継ぎ関与度合い
- 現代表者の家族／親族の事業関与度合い、取り扱い
- 幹部役職員と現代表者との関係、事業関与度合い
- 取引先との契約関係
- 賃貸借物件など、期間の定めのある契約の延長可能性
- 仕入先、外注先などとの契約関係

株式を譲渡して、役員変更を行ったとしても、事業の継承がうまくいかなければM&Aを行う意味がありません。ヒアリングを通じ、円滑な事業譲り渡しを前提にしたM&A取引の組み立てを検討します。

さて、「買い手から見た魅力ある会社」とは何か、おわかりいただけましたでしょうか？　買い手からの視点だけではなく、取引先、金融機関、社員などなど、社内外の関係者から見ても魅力ある会社が「売れる会社」ということになります。

ただ、百点満点の会社などそうそうあるものではありません。**「うちの会社はこれ**

**が自慢だ**」と誇れるものがいくつかあれば良いのです。その誇れるものこそが「魅力ある会社」ということになるのです。

point

**売れる会社とは、社内外から見て魅力的な会社であり、自慢できる部分のある会社のことを指す。**

question
09
# M&Aで会社を売る理由は何か？

answer
## 深刻化の一途をたどる事業承継問題

我が国においては2001年頃より、中小企業の事業承継問題が少しずつ取り上げられるようになってきました。

中小企業の事業承継問題とは、中小企業において跡継ぎがおらず、廃業せざるを得ないという問題を指します。2006年度『中小企業白書』において、中小企業の事業承継問題が大きく取り上げられました。人口に占めるボリュームの多い団塊の世代が大量に定年を迎えるという事実は、経営者においても例外ではなかったのです。そして、経営者が引退するタイミングにおいて、少子化や職業の多様化の影響により、**「中小企業に後継者がいない」**という事態をもたらしました。

こうした後継者がいないために事業承継が進まない企業の問題解決策の1つとして、M&Aが注目され始めたわけです。

## 事業承継解決策としてのM&A

事業承継の解決策の一環としてM&Aが注目され始めたのは、2000年ごろからです。後継者が決まらないまま60歳を超える経営者がちらほらと見受けられるようになり、どのように解決したらよいかのご相談をいただくようになりました。

当時、事業承継問題を解決するためのM&Aをご提案しても、ほとんどの経営者の反応は否定的・消極的なものでした。当時のM&Aによる事業譲渡に対する主たるイメージは単なる〝身売り〟であり、結果としてそれは経営に対する〝敗北〟であったり、経営者としての責任からの〝逃避〟といったマイナスのイメージが強かったのです。また、当時はお金の力にモノをいわせた投機目的のM&Aや、ターゲットにされた企業が望まない敵対的なM&Aなどがかなりセンセーショナルに報じられたことも否定的ないしは消極的な反応に少なからず影響していたようです。

しかし、月日を経た今、M&Aに対するイメージは大きく変わってきました。書店へ行けば、M&Aのコーナーが必ずあり、インターネットで検索すればM&Aに関するサイトがたくさん開設されています。また、以前は集客の難しかったM&Aに関するセミナーにもたくさんの方が申し込まれ、どの会場も活況を呈しています。これは、これまで行われてきた数々の事業承継型のM&Aを通じて、**後継者のいらっしゃらない企業にとって、とても大きなメリットのある手法**である事実が認知されたことに他なりません。

加えて、すでにお伝えしたとおり、適当な後継者が身近なところに見当たらない企業が年々増加していることも挙げられます。

しかし、後継者が不在だからといって、簡単に廃業できるものではありません。企業にはさまざまな利害関係者がいて、廃業により影響を受ける方がたくさんいるからです。たとえば、社員は働く場を失うわけですし、仕入先や外注先は仕事を失うかもしれません。そうなってしまえば、その会社の雇用さえ守られなくなる可能性がありま す。また得意先は商品を仕入れられなくなることで、商売に何らかの影響が出るかもしれません。

このように、ひとくちに廃業するといっても、多くの関係者に影響を及ぼすのです。そこに、後継者不在の企業における**M&Aの価値**が見出されてくるのです。

## 事業承継の3つのパターン

事業承継の方法にはいくつかありますが、以下の3つが主なものです（図表9）。

**① 親族内承継（子供や近い親戚に承継させる）**

**② 内部昇格（幹部や社員を社長に登用する）**

## ③ 第三者承継（外部から適任者を招聘《しょうへい》する、企業を譲渡する）

オーナー企業の承継策としては、①の親族内承継がもっとも適切なものとなります。オーナー企業の場合、その経営者は、会社運営に関してわが身ひとつに3つの権利を有しています。ひとつは「社長」という役割からくる経営権、もうひとつが「株主」という地位からくる最終意思決定権、そして事業性資産の「所有者」という立場からくる財産権です。そして、これらの権利はすべて相続によって子息に引き継ぐことができます。逆に第三者にはそれができません。よってオーナー企業においては、①の親族内承継、特に相続人たる子息や令嬢への承継がもっともスムーズだと言えるのです。

しかし、少子化や職業の多様化により、子供がいないとか、他の職業に就いてしまっているなどして、親族内承継が難しいということになれば、残りの2つの方法を検討していくことになります。

## 内部昇格の問題点

内部昇格は、経営権を承継させる観点からはメリットの多い方法です。業務内容を熟知する現経営幹部や社員を社長に登用するのですから、社内外からの関係者からの理解も得やすい方法です。

ただし、経営権の承継は比較的スムーズにできますが、**支配権や財産権の承継は大きな困難を伴います**。

まずは自社株の問題です。経営幹部や社員に自社株を買い取らせるにしても、株価が高額になっていることが多く、一般的なサラリーマンでは資金力が伴いません。無償で譲渡したとしても、贈与税からは免れません。逆にオーナー家で相続するとなれば、「経営と所有の分離」はできるものの、経営者と所有者が将来にわたって好ましい関係であり続けるという保証はどこにもありませんから、経営権のみを引き受けてくれるような奇特な方はそれほど多くはいないと思っておいた方がよいでしょう。

## ■図表9　事業承継のパターン

### ①親族内承継

子供や近親者に承継させる

### ②内部昇格

幹部や社員を社長に登用する

### ③第三者承継

●外部から適任者を招聘
●M&Aで第三者に譲渡する

また、会社の借入金に対する保証人の問題もあります。M社では、創業者であるM社長に子息がいなかったため、M社長の右腕として活躍してくれていたTさんを早くから後継者に指名し，Tさんもそれを受け入れ、後継者教育も順調に進んでいました。M社長が65歳を迎えるタイミングで、Tさんへ社長職を譲ることに決め、メインバンクへ報告に行くと、M社長が負っている個人保証の話になりました。オーナー経営者であるM社長にとっては「当たり前の話」であったため、改めて個人保証の話はTさんに伝えていませんでした。そのため、Tさんにとっては寝耳に水の話ではありましたが、そのときは「そういうものか」と了解してくれました。

しかし翌日、Tさんから「承継することができなくなった」との話が出てきました。理由は個人保証の承継でした。Tさん自身はそれほどでもないのですが、奥様が「頑として了承してくれない」というのです。当時、住宅ローンも抱えており、また大学生と高校生の子供を持つT家にとって、「会社の借金の責任までも負えない」というのが奥様の意見であり、「会社を継ぐのを止めるか、会社を辞めるか、別れるか」の三者択一を迫られたというのです。ある意味、奥さんのおっしゃることはもっともなことと言えるでしょう。M社長はやむを得ず、いったん承継の話を引っ込め、今一度、検討し直すことになってしまいました。

この**個人保証問題**は、株式市場からの直接的な資金調達ができず、資金調達を金融機関などからの借り入れに頼らざるを得ない非上場の企業においては、事業承継上、切り離して考えることができない問題です。仮にM社長が引退後も個人保証を続けたとしても、相続人が引き受けてくれるという保証はどこにもありませんし、逆に相続人自身が経営するわけではありませんから、自分の責任の範疇ではない借入金の保証を引き受けてくれることなど期待する方がおかしいというものです。結局のところ、時期が多少遅くなることはあっても、個人保証はTさんが引き継がざるをえません。

一方、個人保証の件を解消するには、借入金を完済するほかなくなりますが、会社の成長・発展を実現し続けようとすれば、資金調達をせざるをえないときもあるでしょうから、現実的には難しいものです。

このように、**内部昇格を検討するならば、早い段階から借入金の個人保証について検討を進める必要がある**ということを忘れてはなりません。

## 第三者承継

親族内承継もできない、内部昇格もできないとなると、行き着くのは③の**第三者承継**となります。第三者承継はさらに、2つのパターンに分類できます。

ひとつは**外部招聘**です。具体的には元請企業や取引先などの役員や社員、または社長ご自身の個人的なおつきあいのある方の招聘ということになります。社内のことごとの引継ぎと考えれば、内部昇格の方が優れていますが、「外の血を入れる」「新しい風を入れる」という観点から、この外部招聘にもメリットはあります。またこのケースは対象者が変わるだけで、事業承継の内容的には内部昇格と同様で、支配権の承継が課題となります。

もうひとつが、**企業の譲渡**、すなわちM&Aということになります。具体的には、オーナー社長などが保有している企業の株式を第三者へ譲渡し、社長も交代する方法になります。これであれば、経営権の承継と支配権の承継が同時にできることになります。また、事業も誰にも迷惑をかけることなくそのまま継続され、大切な社員の雇用も守られます。

中小企業庁が毎年発刊している『中小企業白書』では、毎年のように事業承継問題を取り上げています。それによると、事業承継の形態のうち、親族内承継の割合は年々減少しています。1992年では60%を超えていた親族内承継の割合は、20年後の2012年には50%近くにまで減少しています。代わりに内部昇格や第三者承継の割合が増加しており、**親族内で後継者が見つかりにくくなっている**現状を示しているのです。

当社に寄せられるM&A相談のうち、事業承継問題に起因するものは9割を超えています。そして、この傾向は今後も続くものと予想しています。

point

**会社を売る理由は多々あるが、もっとも多いのが事業承継問題に係る「後継者難」である。**

question

# 10 M&Aしたら、会社の借入金や個人の連帯保証はどうなるのか？

A answer

## 会社の借入金は自動的に買い手に引き継がれる

前述のように、M&Aは株式譲渡により行われることが一般的です。株式譲渡は法人格そのものを譲渡するわけですから、**法人が負っている借入金も買い手へそのまま引き継がれる**ことになります。

中小企業の場合、法人の代表者が法人へ貸し付けているケースも多くあります。いわゆる「役員借入金」と呼ばれるものですが、これも金融機関借入金と同様、引き継がれ、新しい経営者の元で返済をしてもらうことになります。また、借入金だけでなく、支払手形や買掛金、未払金といった仕入上の債務についても、そのまま買い手へ引き継がれることになります。簿外債務となっているリース債務も同様です。

## 個人の連帯保証は変更手続きが必要

法人で借入を行う場合、法人の代表者が個人として連帯保証人となることは珍しくありません。代表者の個人保証のみならず、個人資産、たとえば自宅の不動産などを担保として供していることもあります。これら、事業上の負債のために、代表者個人が法人のために負っている連帯保証や差し出している個人資産担保は、株式を譲り渡すタイミングで買い手に肩代わりしてもらうことになります。

ただし、これらの変更は、譲り渡しと同時にできるものではなく、代表者変更登記が終わり、新しい登記簿謄本が取得できるようになってから、速やかに行うこととなります。

金融機関からの借り入れの個人による連帯保証やリース債務の個人保証は、経営者も失念するケースはほとんどないのですが、忘れられがちなのが、**取引先との間で締結している取引基本契約の中で、個人として連帯保証を負っているケースです。**取引基本契約がずっと以前に契約していると、忘れてしまっていることも見受けられます。

M&Aを進めるにあたっては、**過去に締結した様々な契約を見返し、譲り渡しと同時にすべての個人補償について変更してもらう**よう、注意してください。

point

**会社の借入金は引き継がれ、個人的に負っている連帯保証や供している個人資産は、買い手が引き受ける。**

question 11

# M&Aで売った後の会社はどうなるのか？

answer

## 通常はソフト・ランディングで何も変わらない

株式譲渡で会社を売ったとき、変わる点は2つあります。ひとつは**株主構成**、もうひとつは**役員構成**です。買い手は、株主を変えることで支配権を手に入れ、役員構成を変えることで経営権を手に入れるのです。

つまり、極論すれば、**その他の点はこれまでと何も変わらない**のです。新しいオーナーと新しい経営者の下、これまでどおりの業務を続けていくことになります。

もちろん、「何ひとつ変わらないのか」というと、そうではありません。新しい経営者は経営者がチェンジするタイミングでさまざまな新しいやり方を導入したいと思うかもしれません。新しい経営者とともに新しい管理者もやってくることでしょう。

この新しい管理者は、従業員とはこれまで縁のない方がほとんどです。中途社員が入ってきて、その中途社員の地位が既存社員よりも上、そんな感じです。したがって、会社の雰囲気はこれまでとは違ったものになっていくでしょう。

ただ、買い手の多くは、当面の間、従来のやり方を踏襲し、「**今までどおりの売上、今までどおりの利益を確保して欲しい**」と考えます。ですから、性急な体制の変更は行わないことが通例です。体制の変更を行ったがために、キーマンである社員が嫌気をさして退職してしまったり、重要な顧客や仕入先が離反したりしては、会社を買った意味がありません。株式譲渡は、やり方としては法人格の譲渡であり譲受ですが、売り手も買い手もその目的は「**事業の譲渡**」なのです。社員もいない、取引先も仕入先もいない法人格だけ残っても、意味がないのです。

買い手は、これまでどおりのやり方を踏襲しながら、既存の組織と新しい経営者・

新しい管理者が交わって融合していき、時期を見定めた上で既存の組織の意見も聞きながら、体制の変更や統合を行っていくこととなります。

これは決して悪いことではなく、2つの組織（買い手と売り手）が交わることでのシナジー効果の追求に他なりません。時間をかけて融合していくことを「**ソフト・ランディング**」と呼びます。反対に、否応なしに事を進めることを「**ハード・ランディング**」と呼びます。

M&Aの場合、後者の手法を用いなければならないケースもありますが、多くはソフト・ランディングで組織の融合を図ります。

売り手の経営者の多くが「社員が不幸せになりはしないか？」「リストラされないか？」と心配します。しかし、前述のように、買い手が譲り受けたいのは「事業」ですから、既存の社員に対して、多くの企業は気を遣うものです。リストラして、譲り受けたはずの事業が立ち行かなくなっては元も子もありませんから、「譲渡後のリストラはない」と言っても差し支えないでしょう。

会社を譲渡して、引退する経営者の仕事はそれで終わりではありません。自らが経営してきた会社をこれまで以上に発展してもらうため、引継ぎをしっかり行う必要があります。そのため、買い手とのコミュニケーションを譲渡前から綿密に行い、買い手のベクトルを認識した上で、「**会社の成長発展のために、今後何が必要か**」を買い手とミーティングしておきましょう。

## ハード・ランディング失敗の事例

ここで、ハード・ランディングを行ったために、M&Aがうまく行かなかったケースをご紹介しましょう。

G社はレンタル業を営んでいます。県内に5店舗を構えて営業をしていました。G社の社長は70歳を過ぎたあたりから、事業承継について真剣に検討してきました。社長には子供がおらず、同族の中にも経営を託せる人物はいませんでした。したがって、社内の幹部社員に承継できないかを考えてきました。

G社は創業30年。社長の経営手腕は素晴らしく、創業以来赤字は一度もありません。

ゆえにG社の株価は非常に高額となっており、幹部社員が個人で譲り受けることのできない価値になっていました。

そこで、G社の社長はM&Aを検討しました。業績も順調だったG社を譲り受けたいとの申し出はたくさん集まり、ほどなくG社は譲受先である同業のY社を見つけて、M&Aは無事成約しました。

Y社が譲り受けた直後にG社に対して行ったのが、就業規則の改訂でした。始業時刻と終業時刻を変更したのです。同じレンタル業で店舗を構えるG社とY社なので、それぞれの社員を融通しあえるように、就業時間の統一を考えたのです。

その結果、G社はこれまでの始業時刻が8時30分だったのが、8時に変更となりました。30分早くなったのですが、これを機に、店舗の若い女子社員たちが一斉に退職してしまったのです。全体の3分の1程度を占める女子社員たちが突然退職したことで、G社は大混乱に陥りました。Y社から応援を出したものの、混乱はしばらく収まることがありませんでした。

M&A直後の企業はただでさえ社内の人心が動揺していたり、浮き足立っているものです。くれぐれもソフト・ランディングを念頭にM&Aを進めてください。

point

**会社を売った後、その会社がますます発展するために売り手と買い手の協力が不可欠となる。**

question 12

# M&A後、私(社長)はどうなるのか?

answer

## 旧経営者は当面残留することが多い

中小企業の経営は、社長自身が営業、企画、製造、総務、経理などなど、各種の仕事を担っているのがほとんどでしょう。

それこそ会社のすべてを把握しているのは社長であり、社長がいなくなれば業務が回らなくなるのはどこの会社でも同じだと思います。ゆえに、M&Aで会社を売った後、買い手としてはそのスーパーマンたる社長がいなくなることに非常な不安を感じ

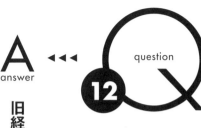

るのは当然のことといえます。そして、**買い手は〝必ず〟と言っていいほど、売り手の経営者に当面の期間、残留をお願いします。**

残留中の業務にはいろいろあります。まずは**引き継ぎ**です。そして、一番の要は得意先の引き継ぎになるでしょう。中小企業の場合、社長の人脈による得意先開拓という側面が少なからずあります。社長が引退することで、その人脈で開拓してきた得意先がなくなってしまうのではないかと、買い手は通常は心配をします。これら**得意先へのフォローアップ**は、一番期待される業務となるでしょう。

また、**会社に残る社員との橋渡し**も重要なポイントになります。新経営者としては、社員にへそを曲げられて業務が滞留してしまっては困ります。社員のことをよく知っている旧経営者が、新経営者とのコミュニケーションを橋渡しし、補ってあげることが必要です。

そして、**業務の引き継ぎ**も大切な仕事です。これまで社長が担ってきた各種の業務がありますが、これを新経営者に引き継いでもらわなければなりません。この場合、「すべてを新経営者が引き継ぐのか、新経営者と新幹部で分担するのか」により、引き継ぎのやり方も変わってきます。まずは旧経営者の業務のリストアップを行い、そこに引き継ぎ担当者を加え、計画的に引き継ぎを行っていくこととなります。

## 旧経営者を顧問で残留させる場合、「表見代理」に注意！

残留期間中の役職は、「**相談役**」や「**顧問**」などが一般的です。まれに「会長」という役職もあったりしますが、「**表見代理**」の懸念が少なからずありますので、使用されるケースはまれです。

表見代理とは、代理権限を有しない者が本人に無断で代理行為を行ったような場合に、一定の要件を満たすことを条件として、有効な代理行為があった場合と同様に扱うことです。たとえば、名刺に「会長」という記載があると、その名刺を受け取った相手は、その名刺を持った本人があたかも会社を代表しており、意思決定権があるように感じ取ります。会社として、会長にそういう代理権を与えていないにも関わらず、相手方はそれを信じて契約を締結した場合、その契約は有効、とされる場合があるのです。

## 成功ケース

ここで事例をご紹介します。

M社長は35歳で印刷会社を創業、30年後に年商5億円、従業員数15名の会社に育て上げました。借金も多少ありましたが、業績は好調でした。

しかし、M社長には大きな悩みがありました。自身も65歳を超え、後継者を決定しなければならない時期にさしかかっているにも関わらず、身内にも社内にも、後継者にふさわしい人材がいないことです。悩みに悩んだすえ、顧問税理士に相談すると、M&Aを提案されました。自社の株式を譲り渡すことで、会社と事業を引き継いでもらえるといいます。M社長は顧問税理士の紹介でM&Aアドバイザーと面談し、いくつかの条件を話したうえで、会社を譲り受けてくれる人を探す決断をしたのでした。

M社長はふだんから会社を磨きあげることに余念がなかったので、事業内容も魅力があり、財務内容も良好でした。そのため、会社を譲り受けたい先はすぐに見つかりました。同業のH社でした。H社長は48歳、父親が創業した会社を3年前に引き継ぎ、今は二代目社長として辣腕を振るっています。父親の代では25億円であった売上高を、承継してから30億円の大台に乗せました。まだまだいける、そう感じているH社長ですが、一方で不安もありました。

印刷業界は今後市場の縮小が予想されます。広告媒体が紙から情報端末などへシフトするなど、多様化しているためです。いずれは売上高が落ちるかもしれない、そんな思いがH社長にはありました。その解決策の1つとして、以前からM&Aを考えていました。

そこでH社長はメインバンクに相談し、情報の紹介をお願いしました。

数カ月後、メインバンクのM&A担当者とM&Aアドバイザーが H社にやってきました。M&Aの譲渡情報があるというので話を聞くと、同業者で距離も車で30分程度、財務内容も良好でした。財務内容が良い分、希望価格も4億円と「少し高いかな」とも感じましたが、会社は魅力的です。H社長は父親とも相談したうえで返事をすると話しました。

数週間後、H社長はM社長と面会。そして、M&Aを進めてみようと決断します。最初はぎこちなかった両人でしたが、業界の話になると話が盛り上がり、面談は和気藹々《あいあい》の雰囲気の中で終了しました。そして、さまざまな条件調整を経て、最初の面談から3カ月後、H社長はM社を譲り受けることになりました。

M社長はアイデアマンで行動力もあり、人間的魅力もありました。社員はもちろん、取引先からの信頼は絶大なものがありました。会社を買収したH社長も、M社長に出会った瞬間から魅了されています。

H社長は、M社の代表取締役に就任したものの、退任するMさんに相談役への就任をお願いしました。Mさんの社員や取引先への影響力や発想力は今後の会社経営にとって必要と感じていて、何よりH社長自身がMさんから学び、すべてを吸収したいと思ったからです。Mさんは引退するつもりでしたが、数カ月のつきあいの中で、わが子とも思えるようになってきたH社長の熱意に打たれ、協力することを約束しました。

しかも、会社のことを考え、無給でいいと申し出ました。もちろんH社長は相応の報酬を支払うのですが、Mさんはその報酬で社員との懇親会を開催するなど、会社のために使ってくれます。懇親会にはもちろんH社長も出席します。H社長という後継者を得、創業者のMさんも会長として残り、会社はますます強くなり、業績は絶好調。お互い「我」を出さず、尊敬し合い、信頼関係を築いていることが、成功のポイントです。

point

**会社を売っておしまい、ではなく、成長発展のためには売った後のアクションがとても重要になる。**

question

13

# 社員や取引先への公表はいつ行うのか？

answer

A

## 公表のタイミングはケース・バイ・ケースで決める

会社の売り手からすれば、M&Aを行ったという事実はぎりぎりまで公にしたくないものでしょう。一方で、買い手からすれば、円滑に引継ぎを行うために、売却されることに対する社員や取引先の反応が知りたくて、早めに公表したいと考えるのが通常です。

公表（ディスクローズ）のタイミングは、**「事案に応じて決定する」**というのが通例です。

### ❶ M&A取引前に公表を行う事例

・社員、取引先とも良好な関係であり、事前開示に対してリスクが少ない場合は、早々に開示を行うことで、引き継ぎ後の業務を円滑にさせる狙いがあります。
・引き継ぎに際して事前公表が必要な場合、たとえば総務・経理は社員が担っており、M&Aの交渉過程における資料収集などで社員の協力が不可欠な場合など
・事業譲渡のスキームを使う場合。社員の転籍同意や取引先との契約書のまき直しが必要となるため。

### ❷ M&A取引後に公表を行う事例

・M&A公表したときの社員、取引先の反応が読みにくい場合。通常はこのケースがもっとも多い。M&Aによる契約を締結した当日早々に社員と取引先へ発表する。

・社員、取引先とも安定（長年固定化）しており、事前開示でも事後開示もトラブルが少なそうな場合は、事後開示で進める。

## 公表のステップはこうして進める

M&Aにおける公表は、さまざまなステップを踏みます。私がお勧めしているのは、以下のステップです。

①一番最初に開示するのは、今後の業務運営でキーマンとなる社員複数名にとどめる。
②その後、重要な得意先へ開示。
③その後、一般社員へ開示。
④その後、得意先、仕入・外注先、金融機関等々へ順次開示。
⑤案内文書は適宜作成する。

①から⑤までで、売り手が事前に発表し、その後、買い手が挨拶するケースと、売り手と買い手が一緒に公表するケースとがあります。どちらが正しいというものではなく、相談し合って決めていきます。

## 公表のタイミングを誤れば大きなトラブルに

この公表は、やり方を誤れば、大きなトラブルになるケースも多くあります。たとえば、創業以来、長きにわたってお世話になってきた得意先に事前報告をしておらず、その得意先が別の業者から話を聞いたために「仕事を引き上げる！」と憤慨されてしまい、一時M&Aをストップしてしまった、という事例があります。最終的には、買い手とその得意先に共通の友人がいて、買い手がともに挨拶することで事なきを得ましたが、**公表は決して軽んじるものではなく、M&Aを進める上での最重要ステップ**ととらえてください。

また、公表するときの一番のポイントは「**変わらないことを強調する**」ことです。

社員や取引先などに対し、経営者が変わっても業務はこれまでとなんら変わりがないこと、社員の処遇も変化がないこと、**「したがって、これまでどおりにおつきあいください」**ということをきちんと伝えることが大切です。

人間、不安に感じるのは、変化があるときです。経営者が変わるということは、会社の利害関係者にとっては大きな変化なのです。したがって、変わるのは経営者だけであって、業務内容や仕事の進め方、処遇や取引条件などは変わらないので、「これまでどおりおつきあいください」ということをお伝えしていきましょう。これだけで、業務の引き継ぎは格段に進めやすくなります。

point

**公表はM&Aステップの重要なポイントであり、「これまでと変わらない」ことをきちんと伝えることが大切である。**

question
14

# うちの会社はいくらで売れるのか？

answer

## 株価の算出方法

「会社を売るとは、株式譲渡である」とご説明しました。株式譲渡の場合、売るのはその会社の株式になり、売値はその株価ということになります。

株価の計算方法にはいろいろな種類があります。相続税の計算など、税金を計算する際には、国税庁が出している株価の算定公式がありますが、M＆Aにおける株価はこの算定公式も参考にするものの、**最終的には売り手の考える株価と買い手の考える**

**株価からそれぞれが歩み寄り、株価を決定させます。**

つまり、客観的な資料に基づき（たとえば、不動産鑑定士がいて、不動産を鑑定するように）決定するのではなく、**あくまで主観的な観点から算定され、最終的には交渉により、価格が決定する**わけです。

とはいえ、交渉のスタート時は、客観的な資料に基づき株価を算定し、それを基準にして、双方の思惑を加えて交渉を進めることになります。したがって、交渉の基準となる株価を算定しなければなりません。その主な方法として、次の2つがあります。

**①企業の純資産額を基準として株価を算定する方法**

**②企業の収益性を基準として株価を算定する方法**

ほかにも考え方はありますが、あくまでも客観性を重視するため、この2つのどちらか、または折衷案が採られるケースが大半です。それぞれについて解説します。

## （その1）企業の純資産額を基準として株価を算定する方法

企業の純資産額を基準として株価を算定する方法のうち、純資産額を現在の時価に評価替えする方法を「**時価純資産価額法**」といいます。この方法ですと、企業が今保有する資産の時価と、負債の時価を算定して、今ある正味の純資産額を時価で算出しますから、客観性が高くなります。

具体的には**簿価で計上されている各種資産を評価日時点で換金したとするといくらになるか**を求めていきます。この場合、買収を行う企業の視点で評価します。また、企業を清算させるわけではないので、企業が継続して事業を行う場合を想定した評価替えをすることになります。

さて、よく受ける質問に、「取引先や保有する技術・ノウハウ、または立地などの評価をどうするのか」というものがあります。よく「**営業権**」と言われるものの評価についてです。

企業評価の算式に使われるものは、売上、利益、キャッシュフローなどの定量要因であり、取引先、保有する技術・ノウハウ、立地優位性などの定性要因は加味されません。とはいえ、定量要因は定性要因があってこそ生まれてくるものであり、定性要因の結果であるとも言えます。つまり、自社で保有する各種定性要因の結果は、売上や利益に反映されていますから、企業評価では定量要因を評価することで定性要因をも評価しているとも言えることになります。

「毎年赤字を計上していても、ウチは大手企業と取引をしているから、これは営業権として評価されるだろう」と考える人もいると思いますが、〝毎年赤字〟という結果は「大手企業と取引をしているから」と言えなくもありません。となると、〝大手企業との取引〟という定性要因は評価できないのです。

一方、営業権はまったく評価されないかといえば、そうではありません。M＆Aに際して営業権を評価する方法には、収益還元法・超過収益還元法・年倍法などがあります。

営業権算定の尺度は、「**これまで計上してきた利益が今後も経常的に上げられる**

**か**」になるため、評価の際には、対象企業の業務内容、業務の進め方、組織体制なども重要となります。

ここでは、最も簡便な営業権の算定方法である「**年倍法**」をご紹介します。これは、税引き後利益の3年から5年を乗じて営業権として評価する方法です。乗じる年数は、その利益がどの程度の期間保たれるかによって判断します。ただし、中小企業の場合、節税と称して利益調整を行うことが少なくありません。ここで用いる利益は、正しい営業権の判断をするために利益調整前のものを使います。

こうして算出された営業権は、先に算出された時価純資産額と合算され、それが企業評価となります。ただ、前述のとおり、これは交渉の出発点でしかありません。ここから、お互いが考える各種評価の視点の相違、将来性などを加味して、最終的な企業評価を決定していきます。

## （その２）収益性に基づいた企業評価の方法

これまで、中小企業におけるＭ＆Ａでは純資産を基準にした企業評価が圧倒的でしたが、最近では収益性に基づいた企業評価も増えています。上場企業を中心に「**ＤＣＦ（ディスカウント・キャッシュ・フロー）法**」が採用されていますが、この方法は中小企業にはなじまない部分も多くあります。割引率の設定や、将来の予測財務諸表などに主観的要因が数多く入るおそれがあるからです。

念のため、ＤＣＦ法とは、今後その企業が得るであろうキャッシュフローを現在価値に直し、これを企業の収益力として企業を評価する方法です。使用するキャッシュフローは、予測期間（５〜10年）の各事業年度における税引後営業利益に減価償却費等の非現金支出費用を加算し、設備投資額と増加運転資金を差し引いて求めます。

ＤＣＦ法のメリットは、過去の業績だけでなく、将来の成長性も評価に加えられる点がありますが、一方でキャッシュフローの算定根拠や算定の際に用いる割引率の設定根拠に主観的予測が入りやすいという点がデメリットとして挙げられます。

中小企業においても使いやすい評価方法としては、**「ＥＢＩＴＤＡ倍率」**を用いた企業評価があります。ＥＢＩＴＤＡとはearnings before interest, taxes, depreciation, and amortization の頭文字を取った言葉であり、**「イービットディーエー」**と呼ばれます。直訳すると、**「金利支払い前・税引き前・減価償却費前・その他償却費前利益」**となります。

ＥＢＩＴＤＡ倍率は、分子にＥＶ（企業価値　株式時価総額＋有利子負債－現金同等物）や買収金額を、分母にＥＢＩＴＤＡを用いて算出します。Ｍ＆Ａを実施する際に買収金額の割安・割高を判断する指標に使われます。買収する側からすれば、ＥＢＩＴＤＡ倍率は、買収後、何年で投資を回収できるかを示しています。

ＥＢＩＴＤＡ倍率の株式市場における平均は7～8倍と言われています。つまり、**ＥＢＩＴＤＡを算出し、そこに7～8を乗じた金額が、収益性に基づいた企業価値となります。**当社でＭ＆Ａを手がける場合、企業評価にあたっては、前述の時価純資産価額とこのＥＢＩＴＤＡ倍率を算出し、比較しながら、交渉の材料としていきます。

## 価格決定のプロセスの具体例

実際にどのようにして譲渡価格が決まるものなのか、例を挙げます。

事業承継により企業譲渡を選択したK産業のK社長は、顧問税理士に企業評価を依頼しました。その際に算定された企業評価は「時価純資産額1億円、営業権4000万円」というものでした。K社長は顧問税理士をM&Aアドバイザーとして、W工業と企業譲渡に関する交渉を開始しました。

W工業は上場企業です。M&Aに関する交渉の結果は、最終的には株主総会に諮らねばならず、K産業の言うなりに金額を決めることはできません。顧問税理士を介した交渉では、W工業が算定したK産業の企業評価は「時価純資産額1億円、営業権0円」というものでした。

K産業は創業30年です。K社長は創業者として一所懸命、自社を他社にひけを取らない優良企業に育て上げてきました。それなのに、営業権が0円とは到底、納得ができません。もちろん、K社長に欲をかく気はありません。ただ、これまで自分が築き上げてきたものに、何らかの評価をしてもらいたいと考えているのです。

M&Aアドバイザーの顧問税理士は再度、W工業と交渉を行いました。W工業も営業権を0円で評価したものの、K産業の事業には魅力を感じています。ただ、何の交渉もなしでの価格決定には説明ができないのです。M&AアドバイザーとW工業との1カ月にわたる交渉の結果、最終的に営業権は2000万円で決着をしました。結果的には4000万円とゼロ円との真ん中で決定したのです。そこに論拠はなく、お互いが真ん中を取ることで納得し、合意した結果でした。

## 事業譲渡の場合

株式譲渡ではなく、M&A取引を事業譲渡で行うケースもあります。事業譲渡の場合、取引の対象となるのは株式ではなく、譲渡する資産と負債になりますので、この場合の価格の算定は**譲渡対象となっている資産と負債**ということになります。

売り手と買い手で譲渡対象資産を決定したら、その資産と負債について、それぞれが時価算定を行い、株価のときと同じく、双方の交渉によって、それぞれの価格が決定していきます。

point

**M&Aによる株価は売り手と買い手の交渉により決定する。客観性ではなく、お互いの主観をぶつけ合い、決定する。**

question
**15**

# 株主がたくさんいる場合はどうやって進めればいいのか？

answer

## 株式譲渡は株式の100％譲渡が大原則

株式譲渡を進める場合、最終的には株主にその保有する株式を譲渡してもらうこととなります。その場合、「株主が社長と奥様と子供」のように社長の親族であり、また少数である場合は何の問題もありません。問題となるのは、社長にとって身近ではない株主がいて、またそういう方が複数いる場合です。

**M＆Aによる株式譲渡を進めるにあたって、その株式を100％を譲渡することが**

**大前提**となります。株主は相応の権利があり、この株式保有割合は、企業運営にとってとても大事な要素です。買い手にとって、自社でコントロールできない株主がいれば、それなりのリスクを抱えることになりますから、100%の譲受を希望するのは当然と言えるでしょう。

図表10は株式保有割合ごとの株主の権利をまとめたものです。

このように、株主は一株でも保有していれば、株主代表訴訟を起こせます。また、それぞれ保有割合に応じた権利が付与されています。会社を経営していく立場からすれば、なるべく自身の思うように経営をしていきたいと考えるのが当然であり、経営が滞る原因となるかもしれないリスクはなるべく排除したいと考えるのが当然でしょう。したがって、株式譲渡を進める際には100%譲渡が大前提になるのです。

## 行方不明の株主がいる場合

社長にとって身近ではない株主がいる場合、それらの株主にコンタクトがとれて、

## ■図表10　株式保有割合ごとの株主の主な権利

| | |
|---|---|
| 1株以上 | 委任状・書類閲覧権、差し止め権（新株の不正発行、役員の不正執行）、各種訴権（株主代表訴訟、設立無効、新株発行無効）、議決・決議取消権 |
| 3％以上 | 会計帳簿等閲覧権 |
| 6カ月以前から3％以上 | 株主総会招集請求権、会社整理申立権、取締役等の解任請求権 |
| 10％以上 | 解散請求権、検査役選任請求権 |
| 1／3以上 | 「特別決議事項（2／3以上欄・※参照）」の否認 |
| 50％超「普通決議事項」 | 取締役・監査役の選任・報酬の決定、計算書類の承認、総会議長の選任 |
| 2／3以上「特別決議事項」 | 定款の変更、営業譲渡等の決議、取締役の解任、合併契約書の承認、合併設立委員の選任、第三者割当増資、資本減少、会社の継続、解散、株式配当、転換社債・新株引受権付き社債の発行　等 |

※特別決議は発行済株式数の過半数の株主が出席し、その議決権の2／3以上の賛成で決定する。

株式譲渡についての打診ができるか否かは最初のポイントになります。また、コンタクトがとれて、株式譲渡の打診ができても、譲渡条件（主として株価）に納得してもらえるどうかかもポイントとなります。仮に行方不明の株主がいる場合などは、M&Aを進められない可能性も生じてきます。行方不明だったり連絡のとれない株主の株式を、会社が処分するには、相応の手続きが必要だからです。具体的には以下の要件が必要となります。

① 行方不明の株主が、株主名簿に記載された株主の住所か、株主が会社に伝えてある宛先に対して、会社が発した通知や催告が継続して5年到達しないこと
② 行方不明の株主が、継続して5年間剰余金の配当を受領していないこと

つまり、**その株主が5年間連絡を取り続けて行方不明であることを確認してからでないと処分を始められない**のです。その後、その株式を会社が買い取る場合も裁判所の許可が必要となりますので、日数はさらに伸びることになります。

株主が複数いる場合は、早速その取りまとめに取り掛かってください。その株主が社員であったり、得意先であったりすると、M&Aのことを話した上での取りまとめはできないでしょうから、そこはいくつかの理由づけ、たとえば「将来の事業承継のためにとりまとめたい」といった理由づけが必要でしょう。また、事前に買い取る方法もありますが、M&A取引時に一緒に売却してもらう方法もあります。この場合は、事前に委任状等で売却の意思を明確にしてもらうことが必要です。

万が一、行方不明の株主がいて、**株主のとりまとめができない場合は、株式譲渡ではなく、事業譲渡も選択肢に入れましょう**。この場合は、M&Aに賛同してくれる株主が全体の株式数の3分の2以上いれば進められます。事業譲渡で事業の承継を進め、法人格の処分は事業譲渡後に進める方法です。

話は若干それますが、会社が株券を発行していて、その株券を紛失しているケースも注意が必要です。「株券を再発行すればいいじゃないか」と思われている方は多いのですが、それほど単純ではありません。株券はれっきとした有価証券であり、それを保有している人が善意取得者（紛失したものを誰かが拾って、転売し、買った方がその事実を知らないこと）であれば、その善意取得者が真の権利者となり、紛失した株主は権利を失うことになります。

株券を紛失した場合は、株券を紛失した旨を会社へ届け出て登録してもらい、登録後1年経過した後に再発行をしてもらう、という手続きをとることになります。これを**株券喪失登録制度**と呼びます。したがって、**株券を紛失している場合、M&Aを進めるには1年間の待期期間が必要となる**ことに留意してください。

point

**株式譲渡は100％の株式譲渡が大前提であり、株主が複数いる場合は、事前にとりまとめを進めることが重要である。**

# 第3章

# 中小企業が会社を買うときに注意する点

question

16

# 会社を買う、ということはどういうことか？

answer

## 株式譲渡のメリット

中小企業のM&Aの場合、そのスキームは株式譲渡がほとんどです。したがって、「会社を買う」ということは、その株式を引き受けることであり、法人格を手に入れることを意味します。

とはいえ、会社を買うことの本来の目的は、得意先や製品の確保、ノウハウの確保、シェアの拡大、他地域への進出などであって、法人格の引き受けではないはずです。

それらの目的をスムーズに達成するために株式譲渡（譲受）を進めるのです。

では、なぜ株式譲渡だと、それらの目的がスムーズに達成されるのでしょうか。

法人格を引き受けるということは、譲渡対象の法人に属するすべての資産、負債、各種契約を丸ごと引き受けられることを意味しますので、個別の資産や負債の名義書き換えや各種契約のまき直しは必要なくなります。特に得意先との契約のまき直しは、それを契機に契約解消になってしまえば、買い手が事業引き受けで進めているM＆Aの目的が達成できなくなってしまいます。事業譲渡の場合、この契約まき直しが必要となりますので、そうした契約解消のリスクがあるのです。しかし、株式譲渡の場合は、法人格そのものを譲渡するので、契約もそのまま引き継がれ、契約のまき直しは必要となりません。

これは社員の雇用も同様です。事業譲渡の場合、社員にはいったん退職してもらい、転籍後、譲り受ける会社に再就職となります。この転籍を社員が拒否した場合、業務命令として転職を強制することはできないので、事業の譲り受けもとん挫することになります。社員のいない法人格を譲り受けても、買収する側としてはその目的を達成できません。

以上の理由から、株式譲渡による法人格の譲り受けは、スムーズな事業の譲渡を進めるうえではもっとも検討すべきM＆Aスキームとなります。

## 合併

M＆Aスキームには、「**合併**」という方法もあります。合併は、文字通り、複数の会社が一つになることです。手法としては**吸収合併**と**新設合併**の２つの方法があります。

吸収合併は、存続する会社を決めて、他の会社は消滅させて事業を吸収する方法です。合併で圧倒的に多いのはこの吸収合併を用いたものです。

新設合併とは、存続する会社を新たに新設し、当事会社はすべて消滅させ、新設した会社に事業を吸収させる方法です。新設合併の場合、許認可の引継ぎや契約の引継ぎなどに制限があるため、前述のとおり、実務的には吸収合併が圧倒的に多く使われています。

しかし、前述したとおり、事業を譲り受ける場合のスキームで合併を選択するケースはまれです。

## 株式譲渡のデメリット

M&Aスキームによる合併には、合併後にいくつかの課題が発生するために、それを踏まえたうえで検討する必要があります。この点でも買収によるスキームは株式譲渡が王道となることをご理解いただけるものと思います。

ただ、株式譲渡にもいくつかのデメリットがあります。まずは、「**法人格を引き受けることそのものがリスク**」という点です。法人は設立以来、たくさんの意思決定をしています。その意思決定が正しいこともあれば、間違っている場合もあります。また、法人にはたくさんの利害関係者がいます。譲渡側の社長自身が知っている社内事情もあれば、知らない社内事情もあります。また、法人として意図してやっていることもあれば、意図せずにやっていることもあります。このような「よくわからない」状態の法人格を引き受けるわけです。

こんな例があります。G社はS社を譲り受けました。譲り受けた後にS社に対して税務調査が入りました。そして、その税務調査で発覚したのは、S社の経理部長の横領でした。S社は金属加工を手がける会社ですが、鉄くずを引き取ってもらったときに受け取る現金の一部を個人の懐へ入れていたのです。10年間にその総額は2000万円にもなっていました。鉄くずの引き取りとお金のやり取りが現金だったため、横領が見つけられなかったのです。問題発覚後、S社の前オーナーであるSさんが、自分が受け取った譲渡代金の一部から2000万円を賠償したため、G社との間には事なきを得ましたが、他にも企業の潜在的なリスクとして、製造物責任や産地偽装、土壌汚染、訴訟など、法人にはさまざまなものがつきまといます。

そうした潜在債務、簿外債務を引き受けないためにも、株式を譲り受ける前にデューディリジェンス（買収監査）という作業を通じ、法人格を譲り受ける前のリスクを洗い出し、買収条件に反映させていくこととなります。デューディリジェンスの詳細については後述します。

株式譲渡のデメリットはまだあります。それは「**譲り受けた株式は減価償却できない**」ということです。事業譲渡の場合は、譲り受けた資産が減価償却資産であれば、減価償却をして損金計上することが可能ですが、株式の場合はそれができません。そのため、譲り受けた株式は譲り受けたときの価格で、そのまま買収企業の貸借対照表に計上されることになり、半永久的に損金計上されることなく、計上され続けることになります。

したがって、株式を譲り受ける際には、株価をなるべく落とし、役員退職金や配当などにより譲渡企業の現預金を社外流出させたうえで、買収を実行するなどの方法をとる場合もあります。

point

**会社を買うということは法人格を引き受けることであり、その方法は株式譲渡となる。**

question

Q 17

# 乗っ取りとM&Aの違いは何か？

A answer

## 今ではほとんどなくなった〝乗っ取り〟M&A

私がM&Aアドバイザー業務を始めたとき、「とにかくどんな会社でもいいから紹介してくれ、お金はあるんだ」とか、「赤字の会社を紹介してくれ。合併して、うちの会社の利益と相殺して節税するんだ」などという相談がたくさんありました。

これらはまさに〝乗っ取り〟です。そこに戦略はありません。いうなれば「投機」です。お金を儲けるためのM&Aであり、そこに大義はありません。

最近、こうした相談はほとんどなくなっています。M&Aを〝**戦略**〟としてとらえる経営者が多くなっており、「投機」ではなく「**投資**」と考えるようになっているのです。**大きな経営戦略があり、その経営戦略を進めるための手段としてM&A**を考えるようになっているのです。

経営を進めるために経営戦略はとても大切なものです。経営戦略は自社が置かれている外部環境を機会と脅威の観点から分析し、自社が保有する強みの部分と弱みの部分を抽出し、自社の進む方向性を決定します。過去は基本的に自社の方向性が決まってから、各社とも人材を採用し、機械を買い、事務所を借りるなど、自社展開を行っていたわけですが、経営環境が目まぐるしく変わる昨今において、自社展開だけでは間に合わなくなっています。

そこで、すでに事業を展開している他社を買収していく「M&A戦略」が必要となってくるわけです。

## グローバル化とIT化がもたらしたスピード経営

経営環境の変化の速さはこれまでとは比較にならなくなっています。これは**グローバル化の影響**、そして**IT化の進展**の２つが大きく関わっています。

グローバル化により、世界の出来事が日本に波及するスピードは格段に増していきます。リーマン・ショックなどはその典型例であり、最近はアジアや中東の状況変化がすぐさま日本の経済に影響を与えます。これは大企業だけの話ではなく、中小企業にも大きく影響しており、世界の動向を日夜確認することは、今の経営者にとって欠かせない作業です。

そしてIT化の進展は、どの業界に限らず、革新的な業務の刷新をもたらし、既存のビジネスのやり方を一変させる破壊力を持っています。それは、これまで20年かけて変革してきた業界の地図が、ものの1年で変わってしまうくらいのスピードです。

こうしたスピードに経営を対応させていこうとした場合、自社展開だけではまったく追いつきません。シェアの拡大、他地域への展開、新商品の開発など、企業によって進むべき道は違いますが、経営のスピードアップを考えた場合、M&Aによる事業展開は非常にメリットとなります。M&Aが**「時間をお金で買う」**と言われるゆえんです。

ただ、M&Aが自社展開と異なるのは、相手がいなければ話は進まないという点です。自社展開の場合、「よし、やるぞっ！」と決めた日から、行動を開始することができますが、M&Aの場合、それができません。

## 買収してからがM&Aの始まり

現在のM&Aの市場においては、譲渡希望者より買収希望者のほうが圧倒的に多く、市場は売り手市場となっています。また、M&Aの場合、商品などと比べて、選択するための条件が圧倒的に多いため、案件があったとしても必ず買収できるわけではありません。たとえば、売り上げ規模、場所、社員数や社員の構成、業種も大きな括りでは同じでも、細かく見てくると違っていたりして、既存のビジネスとはそぐわないケースがあります。これらの条件をくぐり抜けて、ようやく出会えるわけですから、時間を買えるＭ＆Ａとはいえ、出会えなければ時間を浪費してしまうことにもなりかねません。**Ｍ＆Ａだけに頼るのではなく、自社展開との両面作戦で経営戦略を遂行することをお勧めします。**

また、「Ｍ＆Ａで会社を買ったら、すべてうまくいくのか」というと、それも違います。会社は生き物です。手綱を引く経営者の良し悪しで業績は大きく変わります。

私がお手伝いしたあるＭ＆Ａの案件では、買収した企業はこれまでとてもうまくいっていたので、そのままの体制を維持してもらおうと、オーナー経営者引退後に新たな経営者の派遣を行いませんでした。これまでの営業体制と生産体制で十分回るものと考えていたのです。

買収した経営者は、現在の状況をチェックすることもなく、現場に干渉せず、買収後初めての決算を迎えたのですが、ふたを開けてみたら、なんと大赤字！　原価計算がでたらめで、とにかく仕事をこなすことだけに時間を費やしてきたために、損益無視で業務が進められてしまった結果でした。慌てた新経営者は、第二期目以降は経営者として現場に入り込み、ＰＤＣＡサイクルを回したため、それ以降は赤字を出すことはなくなりました。

このように、会社はきちんと管理しなければ回っていかないものです。特に中小企業の場合、組織図はあっても、組織としてきちんと展開されているかといえば、そうでないケースのほうが多いのが実態です。「買収したからＭ＆Ａはおしまい」ではなく、**「買収してからがＭ＆Ａの始まり」**とお考えください。

## 重要なのはＰＭＩ

Ｍ＆Ａが終わってからの作業を、最近では**ＰＭＩ**（Post Merger Integration）と言うようになりました。

Ｍ＆Ａ取引そのものは売買両社のトップや幹部の方々が行います。しかし、実際の日常業務を行うのは一般社員のみなさんです。経営統合の目標の一つは、これまでと異なる企業風土・環境で過ごしてきた双方の社員が、一緒になってシナジー（相乗）効果を発揮できる環境を整えることです。

トップ同士が一緒になることを決めても、双方の社員がついてこなければ、シナジー効果は発揮されません。それどころか、お互いが猜疑心を持ってしまえば、本業へマイナスの影響が出てくる可能性もあります。つまり、社員の心が新体制の下で一致団結できるかどうかが、経営統合のプロセスにおいて非常に重要となります。

そのために、トップ同士の信頼関係は欠かせません。M&Aにおいては、お互いの立場を尊重し、両社の従業員が共通の認識を持って、一定の方向を目指して業務に取り組んでいけるように、両社のトップが働きかけをしていく必要があります。

両社が意識すべき点は、主に以下のとおりです。

① M&Aの目的（経営ビジョン）の明確化とシナジー効果の測定
② 買収側が引き継ぐ人材の確認と譲渡側責任者の決定
③ 引継期間と引継業務の明確化

④ アフターM&Aにおけるリスクの洗い出し
⑤ 業務プロセス、人事制度、各種制度の統合、見直しの検討

point

乗っ取りは「投機」であり、
M&Aは戦略に基づいた「投資」である。

question

**18**

# 買える会社とはどんな会社か？

answer

## 会社を買うために必要なもの

「会社を買う」と一口で言っても、簡単に買えるわけではありません。会社は生き物であり、モノと違って、その後の管理がとても重要になるからです。

会社を買うために必要なものは多々ありますが、主に「**資金**」「**人材**」「**戦略**」の３つが必要です（図表11）。

■図表11　会社を買うために必要な3つのもの

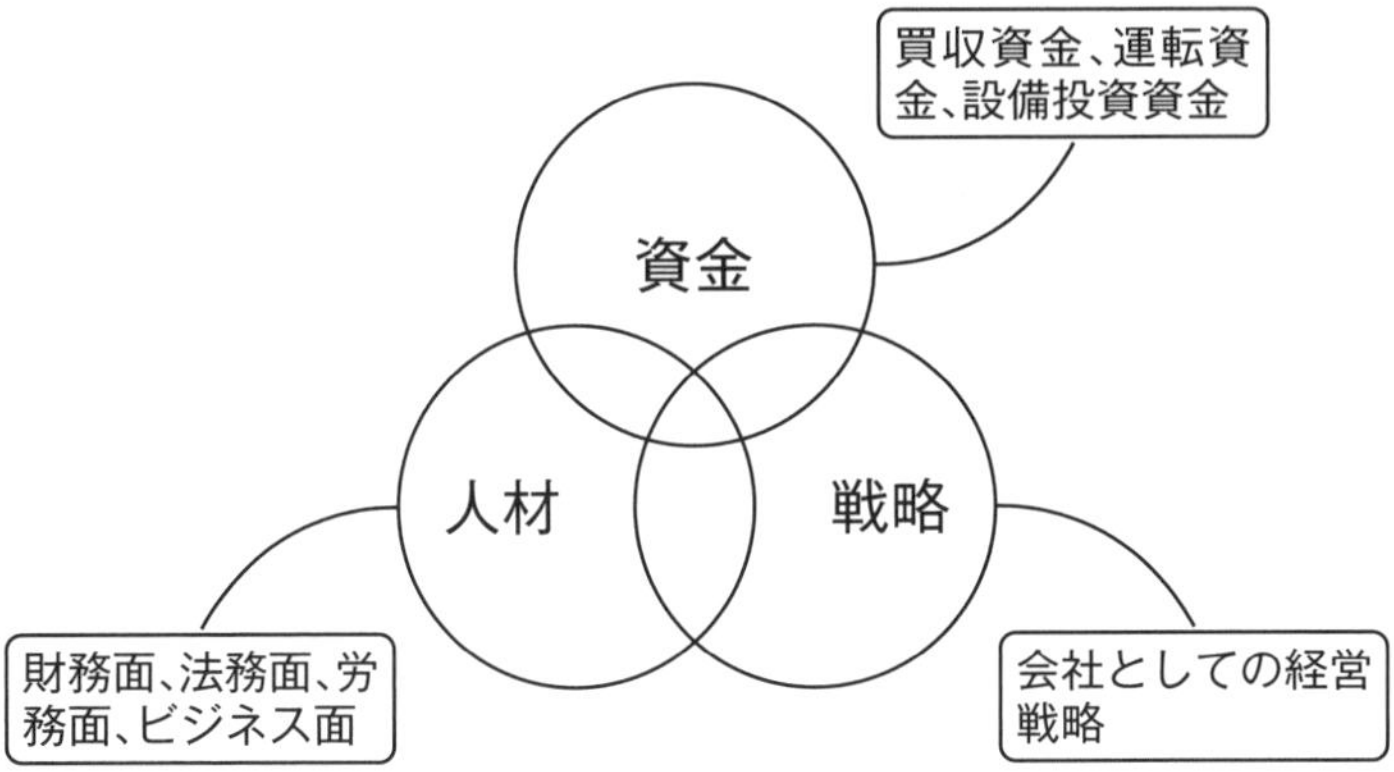


## ❶資金

ここでいう資金とは、単に会社を買い取るための資金だけではありません。会社を買い取った後、運営していくための資金も含まれます。

運転資金はもとより、追加の設備投資などを考えるのであれば、その資金も必要となるでしょう。また、潤沢な資金とまではいかなくても、余裕を持った資金準備は必要です。

## ❷人材

M&Aを進めるうえで検討しなければならない課題は多数あります。その課題を買い手の社長一人ですべてを調査したり、判断することは時間の制約もあり、現実にはなかなか難しいと言えます。とりわけM&Aは、財務面、法務面、労務面、ビジネス面など、あらゆる観点から調査検討をする必要があるので、各分野に長けた人材を準備する必要があります。

また、買い取った後の運営についても、買い手側社長がすべてを切り盛りできるわけではありません。送り込む人材（例　経営者、管理者、財務担当者など）には、今後の運営体制に合わせた人材を用意し、派遣する必要があります。

### ❸ 戦略

M&Aは経営戦略があって初めて役立つものです。M&Aそのものは手段にすぎず、目的ではありません。はじめから「M&Aありき」で事を進めると失敗するのは、このためです。

M&Aを検討する前に、会社としての経営戦略を立案しましょう。そのうえで、**「その戦略を実現するためにM&Aが必要なのか否か」**を検討しましょう。

「M&Aが必要である」となれば、売り手の出現を待つのも一つですが、買い手としてのリスティング作業を進めるのも一考です。全部買収だけではなく、資本の一部引き受けや業務提携など広範な視野でM&Aを検討できれば、戦略実現の可能性はぐっと高まります。

買収を検討する会社の中に、「とにかく何でもいいから紹介してほしい」というご相談があります。「本業とは別の事業の柱が欲しい」とか、「事業を多角化したい」というのが主な理由ですが、私の経験からお話ししますと、「何でもいい」は「何にも買えない」と同じです。

本業のSWOT（強み、弱み、機会、脅威）を分析し、そのうえで「**必要な事業は何で、それはM&Aなのか、自前での展開なのか**」を検討し、そこで初めて「M&Aでいこう！」となるわけです。「魅力ある会社ならば何でもいい」では、結局、詳細検討をしていく中で課題が持ち上がり、自社のノウハウでは解決できないためにリスクを感じて買えなくなってしまうのです。

経営戦略は精緻なものが必要なわけではありません。大まかで結構ですので、自社の方向性を見極めていただき、M&A戦略を考えていただきたいと思います。

point

**会社を買うためには、買い手としての事前準備が必要であり、事前準備をしている会社こそが買える会社である。**

question 19

# M&Aで会社を買う理由は何か？

answer

## ビジネスのやり方が大きく変わる時代へ

我が国の人口が今後減少していくことはみなさんもご存じのとおりです。これは少子化の影響というよりも、むしろ高齢化の影響です。「団塊の世代」と呼ばれる人口のボリュームが大きい世代がこれからどんどん亡くなっていくことで、人口減少のスピードが速くなっているのです。２０３０年に日本の人口は1億１６６２万人となり、現在の人口ボリュームから８％減少すると言われています。となれば、国内市場でビ

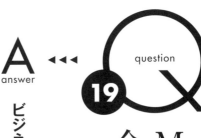

ジネスをしている企業の売上高は8％も減少するわけです。

また、**IT化の進展は企業環境を劇的に変化させていきます**。たとえば、印刷業界では、インターネットの普及により、紙媒体の印刷物の需要減少に見舞われていますし、会計事務所業界においては、スキャン技術の発達により、入力業務が削減され、記帳代行というビジネスそのものがなくなりつつあります。

IT化の進展は特定業界にだけ影響を及ぼすものではありません。これまでのビジネスの仕組みを根本から変えてしまうほどの威力を持っているので、旧態依然のやり方を踏襲して進めてきたビジネスが一夕にして無になってしまう場合もあります。経営者としては、自分の業界のIT化について常に情報を収集し、IT化が自社にどのような影響をもたらすかを検証し続ける必要があります。

そして、**グローバル化の進展は、中小企業を一気に国際化へと進めています**。「うちは海外との取引はないから」といっても、景気は世界経済と密接に関わっています。世界のどこかで何かが起これば、中小企業も無縁ではいられなくなっています。世界動向の自社への影響を常に考えておかなければならない時代になっているのです。

特にＩＴ化とグローバル化の影響は、非常に速く進みます。「こういう変化があったから来月の会議で打ち合わせをしましょう」などと悠長なことは言っていられません。すぐさま意思決定をしなければならないのです。

**中小企業を取り巻く環境変化のスピードはこれまで以上に速くなっており、素早い意思決定と行動が求められるようになっています。**

## スピード経営時代にM&Aは大きな武器となる

これら環境変化の中で、中小企業がＭ＆Ａで会社を買う理由は何でしょうか？

理由のひとつは**マーケットの確保**です。縮小する国内市場の中で売り上げを確保し続けることは簡単ではありません。ましてや同じ製品・同じ市場で増収し続けることは、〝至難の業〟と言えるでしょう。そのため、Ｍ＆Ａで他の会社を買えば、一朝一夕《いっちょういっせき》にして売り上げを確保できるわけですから、非常にメリットの大きい手法となるわけです。

もうひとつの理由は、**M&Aが時間を買える経営手法である**という点です。ある製造業を買収する場合、その会社の製品、ノウハウ、工場、技術者などを一挙に手に入れることができます。自社で工場を新たに立ち上げる場合、土地を探し、機械を買い、技術者を雇い入れて教育し、製品製造がラインに乗るまでに品質チェックを繰り返し、ようやく製品を製造できるようになります。この時間をM&Aで一夜にして手に入れられるとすれば、同じコストをかけて工場を新設するより非常にメリットが大きいと言えるでしょう。しかも、そこにお客様がついてきて売り上げも確保できるとなれば、新設以上の効果があるわけです。

M&Aで会社を買った方は、「もう一度M&Aがしたい」とおっしゃいます。M&Aによる企業成長はかつての乗っ取りイメージではなく、会社を成長させていくための重要な経営手法となっているのです。

## 中小企業の海外進出にもM&Aは有効

また、M&Aは海外進出にも使えます。中小企業にとって海外進出は非常にハードルの高いものですが、M&Aで海外企業を買収できれば、お客様、社員、ノウハウ、製品などを一気に手に入れることができます。

新聞などで報道されているのは、「ソフトバンクが米スプリント社を220億ドルで買収」といった大企業の事例だけです。中小企業の経営者のみなさんはああいう報道をご覧になって、「自社には関係ない」と思いがちですが、**海外にも中小企業はあり、それらとM&Aすることは、日本のそれと何ら変わりはありません。**言葉の壁はもちろんありますが、国内のM&Aと同様、検討する価値は十分にあります。

また、いきなり100%買収を考えるのではなく、一部出資などの資本提携も視野に入れるとよいでしょう。国内のM&Aの場合、全部売るか、やめるかの二者択一の場合がほとんどですが、海外企業の場合、一部出資の受け入れは日本企業ほど抵抗がありません。一部出資でとりあえず資本提携から入り、やり取りが上手くいきそうな場合、しかるべき時期に出資比率の引き上げや全部買収などができるようなオプションを付しておくことも可能です。

我が国の人口減少とグローバル化の進展は、中小企業にとって海外マーケットを狙っていく一つのきっかけになると思います。

point

**会社を買う理由はさまざまあるが、自社の生き残り、成長発展のためのM&Aが根本である。**

question
20
# 買収する会社の社員に事前に面談できるのか？

answer
A
## 事前面談を周到に進めなかった結果、最悪の結果に陥ったケース

中小企業の場合、M&Aの進行は極秘裏に進められるのが通例です。というのも、売り手側の利害関係者にM&Aを進めていることがわかってしまうと、相手側にM&Aに対する理解がない場合、よからぬ方向にいろいろと想像をめぐらして、M&Aを進める際の障害となりかねないからです。

こんな事例があります。J社は後継者難であったT社から会社譲り受けの打診を受

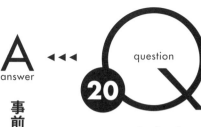

け、検討を進めてきました。検討していくうちに、T社を譲り受けるためのポイントは人材であるという結論に達しました。J社はT社に対し、社員との面談を要求します。T社は、社員は確実に引き継がれるので、「面談はぎりぎりまで待ってほしい」旨、お願いしましたが、J社は社員との面談を通じ、社員から直接に継続して働く旨の言質《げんち》が欲しいと譲りません。このままではM&Aが破談になってしまうことを危惧したT社は、渋々ながらJ社の要求を飲み、J社と社員との面談を受け入れました。ただ、この段階では買収価格面などの条件はまだ合意に達する前でした。

J社は社員との面談で以下のお話をしました。

- 当社はT社の引き受けを検討している。
- ついては、社員のみなさんが引き続き残って、業務に従事してくれることを希望している。
- みなさんは、今後も業務に協力してもらえるか?
- もちろん処遇や業務内容はこれまでどおり、なんら変わらない。

・ただ、T社との交渉が不調に終われば、この限りではない。

社員との面談を通じ、J社は社員が引き続き働いてくれることを確認しました。ところが、数週間後、社員からT社に対し、以下のような要求が上がってきたのです。

・譲渡する時点での退職給与引当金金額を確約する旨の書面がほしい。
・就任する新社長や管理者と面談させてほしい。意にそぐわない人物は歓迎しない。
・現在の給与や賞与水準はJ社水準と比べると低いので、J社傘下になるならば、同等の水準に引き上げてほしい。

まるで労働組合の団体交渉のようでした。J社の買収意欲は一気に冷めてしまい、その他の条件交渉に至ることなく、交渉は破談になってしまったのです。

この事例は、J社が買収するT社の社員への告知の準備を用意周到に進めなかったことが原因です。J社もT社を譲り受けていれば、大きなメリットがあったにもかかわらず、社員との事前面談実施を譲らなかったばかりに、買収に失敗してしまいました。

そして、この結果、一番困った状況に陥ったのはT社の経営者です。その後の社員との関係が悪化したことはいうまでもなく、後継者難であったT社は数年後、廃業するに至るのです。T社社員にしてみても、廃業で雇用の場が失われてしまいました。J社、T社、T社社員とも、最悪の結果となってしまったのです。

## 「社員への告知」は最後まで見送るべき

売り手側の社員との面談は、買い手側にとって重要事項であることは間違いありません。しかし、それは**安易に行うものではなく、事前の準備と根回しをしっかり整えたうえで進めるべき**です。私の経験から言えば、M&Aの条件が整い、契約書面も整い、**「いざ決裁」という段階まで、社員への告知は見送るべき**です。

買い手とすれば、「買った後に社員が離散」という事態は絶対に避けなければならない事項ですが、社員にも生活があり、それを天秤にかけた場合、早期に大量辞職というのは考えにくいものです。

買収前後におけるコミュニケーションにより、大方の懸念は解消されるものであり、条件が整わないうちに面談・告知をするリスクのほうが関係者にとっては大きいと言えるでしょう。

point

**買収する会社の社員との事前面談はM&Aの成否にかかわるので、実施時期は慎重に決定すべし！**

question 21

# M&A後、取引先がついてこないケースはあるのか？

answer

## 取引先がM&A後も取引してくれるとは限らない

会社を譲り受けるにあたり、「既存の社員がついてきてくれるか？」という心配とともに、買い手にとってもう一つの大きな心配となるのは、**「現在の取引先との取引が継続できるのか？」**でしょう。売上先はもちろんですが、仕入れ先及び外注先も同様となります。

M&Aを理由として、これらの取引先がなくなってしまっては、M&Aをする目的

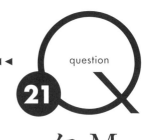

そのものが失われてしまうわけですから、絶対に避けなければならない事態です。M&Aでは、取引先が円滑に引き継がれることを目的に株式譲渡を選択するわけですが、「絶対に引き継げるのか？」というと、これはもちろん取引先の選択ともなります。したがって、**慎重に事を進める必要があります。**

## 取引先がついてこないケース

取引先がついてこないケースにどんなものがあるか、見てみましょう（図表12）。

①取引先との取引基本契約に、「**チェンジ・オブ・コントロール条項**」（※）があり、それを理由として取引契約を破棄するケース

（※商取引の契約の中で、契約当事者においてM&Aなどによる株主構成の変化や事業体の変更、役員変更などがあった場合に、契約内容について制限がかかることを約した条項。内容はさまざまだが、許可なく行った場合に契約そのものが破棄される

ケースや事前通知義務のみを定めたケースなどがある）

②重要取引先に告知することなくM＆Aを実行したため、取引先の不信を買い、結果、取引が縮小されたケース

③取引先の一部が、買収者と競合であり、それを理由に取引を打ち切られたケース

①の場合、商取引の契約で定められているわけですから、契約に基づいてきちんとした対応を施す必要があります。特に重要な取引先（売上先、仕入先、外注先を含む）については、事前に取引契約書のチェンジ・オブ・コントロール条項の有無を確認し、条項が存在したら、その際の手続きはどのようなものかを当事者で確認しておく必要があります。

②の場合、M＆Aの事実についての公表の仕方の問題です。長年おつきあいしてきた取引先が、何にも知らされずにM＆Aされて、これまでの信頼関係が崩れてしまうことが時にあります。M＆Aは秘密裏に進めるのが前提ですが、これはあくまでもケース・バイ・ケースであり、絶対に失ってはいけない重要な取引先については事前

■図表12　M&A後、取引先がついてこないケース

| | |
|---|---|
| 1 | 取引先との取引基本契約に「チェンジ・オブ・コントロール条項」がある場合 |
| 2 | 重要取引先に告知することなくM&Aを実行したため、取引先の不信を買う場合 |
| 3 | 取引先の一部が、買収者と競合である場合 |

告知も検討すべきでしょう。その際の話の進め方は、まずは売り手から事情を説明して、改めて売り手と買い手が一緒に訪問します。今後も取引先の協力を得るために、ここは慎重に進めていきましょう。

③の場合、事前に想定が可能です。売り手の取引先の中に、買い手の競合がいないかどうかを買収監査などを通じてチェックします。私の経験でも、監査を通じて売り手の取引先の中に買い手の競合相手がいることが判明し、買い手は買収後の経営について、その競合相手が取引先からなくなることを前提に買取計画を立てていました。

案の定、M&Aの数カ月後に、その競合相

手からは取引を解消され、空いたキャパシティで、事前に準備しておいた取引先との新規取引を始めたのでした。

取引先がついてこないケースは絶対に避けなければいけません。あらゆる事項を想定して、条件交渉を進めましょう。

point

**取引先の円滑な引き継ぎのためには、M&A前の事前準備が非常に重要である。**

question 22

# M&Aにおける、デューディリジェンスとは何か？

answer

## デューディリジェンスとは「買収監査」

M&Aの交渉が進展していき、条件面で両社間の大筋の合意が得られると、「**基本合意契約**」と呼ばれる仮契約を締結します。

この基本合意契約は**LOI**（Letter of Intent）とも呼ばれ、最終的な合意契約の前に、お互いの「売る」「買う」という意思表示を示すための契約です。この中で、金額面や譲渡予定日、引継ぎ面などについて概ね合意に至った事項を記載します。ま

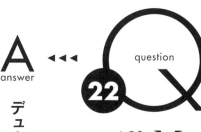

た、基本合意契約の中に独占交渉権の付与を入れ込むことも多くあります。そして、独占交渉権を与えたうえで、「**デューディリジェンス**」と呼ばれる作業を実施することも記載されます。

デューディリジェンス（due diligence）とは、直訳すると「当然の努力」という意味ですが、M&Aにおける実質的な意味では「**買収監査**」と訳されます。

買い手がM&Aを実行するにあたり、これまでは売り手から提出される書面やヒアリングに基づき検討を進めてきたわけですが、それら書類やヒアリング内容が真実であるか否かを検証する作業となります。デューディリジェンスはさまざまな観点から実施されます（図表13）。

## （その1）財務デューディリジェンス

財務デューディリジェンスの主たる内容は、**売り手が保有する資産の実在性のチェックと、売り手が提示している負債の網羅性のチェック**となります。

**■図表13　デューディリジェンス（買収監査）の種類**

| | |
|---|---|
| **財務デューディリジェンス**<br><br>〈チェックポイント〉<br>売り手企業が保有する資産の実在性と、売り手企業が提示する負債の網羅性 | **法務デューディリジェンス**<br><br>〈チェックポイント〉<br>売り手企業が締結している契約内容と、コンプライアンスの励行状況 |
| **労務デューディリジェンス**<br><br>〈チェックポイント〉<br>労働法への対応、組織文化、社内体制、職務分掌、組織ルールなど | **ビジネスデューディリジェンス**<br><br>〈チェックポイント〉<br>ビジネスモデル、営業スタイル、業務フローなど |

資産の実在性は、受取手形、売掛金、在庫、有形固定資産、無形固定資産など、主として貸借対照表の資産の部に計上されている資産のチェックとなります。

負債の網羅性については、貸借対照表の負債の部に計上されている負債のチェックのほか、「簿外債務（貸借対照表に計上されていない債務）がないか」や「潜在債務（将来的に債務となる恐れのある事象。たとえば、労使紛争や訴訟の有無など）がないか」についても確認が行われます。

財務デューディリジェンスは、主として公認会計士や税理士が担当します。

## （その2）法務デューディリジェンス

法務デューディリジェンスの主たる内容は、**売り手が締結している契約内容のチェック、コンプライアンスの励行状況のチェック**となります。

企業は企業活動の中でさまざまな契約を締結しています。「**これらの契約が今後も継続可能なのか**」「**契約そのものに不備はないか**」などをチェックしていきます。

契約書の中にはチェンジ・オブ・コントロール条項があったりするので、「**M&A取引を進めるうえで障害になるような契約はないか**」をチェックします。また、「**契約の内容そのものに、売り手が不利になるような契約はないか**」「**将来債務が発生する可能性のあるような契約はないか**」などもチェックしていきます。

昨今、コンプライアンス（法令遵守）は企業に課せられた大きな使命です。法令違反は直ちに企業の存続に関わってくるため、買収にあたり、現況をチェックするのは大きな意味があります。

一口に「法令遵守」と言っても、その範囲はとても広範にわたります。会社法、労働法などはもちろん、業界ごとの特有の業法、建築基準法など、企業に関わるあらゆる法律について、「**それが励行されているか否か**」をチェックしていきます。「**業務を進めるうえで必要な許認可がきちんと取得されているか否か**」も、ここでチェックされます。

法務デューディリジェンスは、最近になって多く実施されるようになってきました。法令遵守が叫ばれていることが大きな理由です。

法務デューディリジェンスは主に弁護士が担当しますが、許認可などは行政書士が、登記関係は司法書士などが担当することもあります。

## （その3）労務デューディリジェンス

労働法への対応はもとより、**組織文化や社内体制、職務分掌や組織ルールなど、会社の労務面におけるチェック**を行うのが労務デューディリジェンスです。

M&Aでは、成り立ちの違う組織を譲り受けるわけですが、それをどのように融合させていくかは、買い手にとっての課題です。「現状の文化や業務の進め方がどのようなものなのか」について事前に確認し、買収後の組織融合のための情報収集としていきます。たとえば、「売り手社長のワンマンで業務が進められていて、文書化された社内ルールが存在しない」となれば、買収後にどうやってルール化を進め、融合を図るかを検討していかなければなりません。

M&Aを成功に導くポイントは、**人材の有効活用**であることは間違いありません。

となれば、事前の労務デューディリジェンスで対応策を練っておくことは買い手にとっても重要なステップとなります。

労務デューディリジェンスは、主として社会保険労務士が担当します。

## （その4）ビジネスデューディリジェンス

ビジネスデューディリジェンスでは、**ビジネスモデルの検証、営業スタイルのチェック、業務フローの確認**など、ビジネス面におけるチェックを行います。

これまで上げてきたデューディリジェンスは主として法律面でのチェックでしたが、ここでは買収後、引き継ぐことを念頭に置いた、**売り手のビジネスの進め方のチェック**となります。

法律面でのチェックは当然大切ですが、それ以上に大切なのがこのビジネスデューディリジェンスです。M&Aで法人格の譲渡を受けたとしても、ビジネスが引き継げなければまったく意味がありません。ビジネスデューディリジェンスでは「**円滑な引**

**き継ぎ**」を視点として、作業が進められます。

主に、ビジネスデューディリジェンスは、買い手側の総務部長や営業部長などが担当します。

point

**デューディリジェンスは買収監査のことであり、財務、法務、労務、ビジネスの観点から実施される。**

question 23

# M&A後、事業のスムーズな引き継ぎができるのか？

answer

**「事業の引継ぎ」がM&Aではもっとも重要**

M&Aでは、株式譲渡により法人格を取得することで、事業を引き継ぐことを目的とします。法人格を譲り受けたとしても、事業を引き継げなければ、当初の目的を達成することはできません。そのため、買収者としては、**「事業の引継ぎができるのか？」**がM&Aを進める中で検討すべき項目となります。

事業を引き継げないケースとしては、以下のようなものが想定されます（図表14）。

## （その1）社員離反による退職やサボタージュ

事業は社員があって初めて成り立ちます。中小企業にあって、オーナー経営者の存在はとても大きなものですが、その周りで経営者を支えている社員の存在もとても重要です。こと、事業承継型のM＆Aの場合、会社を譲り受けた時点で、前オーナー経営者は退職していくわけですから、残された社員が次々に退職したり、新経営者が気に食わないからとサボタージュを図られたりしては事業引き継ぎに支障をきたしています。

M＆Aをきっかけとして社員が退職したり、サボタージュに陥らないようするために重要なのは以下の2点です。

### ❶ディスクローズ（M＆Aを行う旨の公表）を慎重に行う

誰しも突然、自分の働く会社が買収されると聞けば驚くものです。しかも、M＆A

■図表14　M&A後、事業を引き継げないケース

1 社員離反による退職やサボタージュ

2 主要取引先の契約解除

3 工場や店舗などの賃貸借物件の契約解除

は人生のうち、何度も経験する類のものではありません。

とはいえ、M&Aの発表は突然にならざるを得ないのも現実です。そこで、ディスクローズにあたって、キーマンから順序だてて公表を行っていくことも一考です。たとえば、幹部社員に先にM&Aを行う旨を話し、一般社員への説明方法について一緒に考えてもらうとか、他の社員に先んじて新経営者を紹介しておくなどして、**幹部社員の了承を先にとっておくことで、全社員が離反するなどという最悪の事態を避ける**ことにつながったりします。

## ❷ 社員へは「何も変わらない」旨を懇切丁寧に説明する

M&Aに際して、社員がもっとも心配するのが、業務内容、給料、休日、勤務時間、退職金、福利厚生など、自分の処遇の変化です。

M&Aを行ったとしても、社員の処遇は一切変わらないし、安心してこれまで通り業務に励んでほしい旨を説明することで、当初は不安を感じていた社員も、少しずつ時間が経っていくことで、「本当にこれまでと変わらないんだな」と認識し、通常業務に戻っていきます。これを「**ソフト・ランディング**」と呼びます。一方、買収直後にリストラをしたり、処遇を大幅に変えてしまうことを「**ハード・ランディング**」と呼びます。

**M&Aにあたって、事業をスムーズに引き継ぐためには、「ソフト・ランディング」がとても重要になります。**

## （その2）主要取引先の契約解除

買収者が企業を買収する目的は、事業の取得です。ここでいう「事業」とは、得意先であり、仕入先であり、外注先であり、商品・製品であり、ノウハウであり、社員です。

とりわけ、得意先、仕入先・外注先などは、事業を進めていくうえで非常に大切な存在です。M&Aをきっかけとして、これら得意先や仕入先・外注先がこれまで行ってきた契約を解除されてしまっては、事業の引き継ぎどころではありません。よって、M&A後も良好な取引関係を維持できるよう腐心する必要があります。

株式譲渡によるM&Aの場合、法人格の譲渡のため、契約はそのまま継続されるのが通例です。しかし、取引基本契約などに明示された「**チェンジ・オブ・コントロール条項**」（change of control agreements）を理由に契約が解除されることがないよう、注意が必要です。また、チェンジ・オブ・コントロール条項がないケースでも、主要取引先が、「これまでのオーナーだったからつきあいをしてきたが、オーナーが変わるのなら取引はもうしない」などと言い出さないよう、事前に準備をしておくことが重要です。これも社員と同じく、ディスクローズをいかに上手く行うかにかかってきます。

## （その３）工場や店舗など、賃貸借物件の賃貸借契約の解除

主要な工場や店舗などを賃借している場合、その契約がＭ＆Ａ直後に切れてしまい、継続使用ができなくなってしまうことを避けなければなりません。「新しいオーナーならば、契約更新しない」となってしまっては、事業の継続はおぼつかなくなります。Ｍ＆Ａを行う前に長期契約に更新し直しておくとか、事前に賃貸人と交渉して、「**新オーナーでも何ら心配ない**」旨、了承を取りつけておくことが必要です。

事業の引き継ぎの観点では、日常の事務作業や営業活動の引継ぎをどう行っていくかも重要です。中小企業の場合、「営業や生産管理は社長が」「総務や経理の事務は社

長の奥様が」というケースは非常に多く、M&Aを機に社長と奥様も退任となれば、それら業務を早期に引き継いでいかなければなりません。

特に経理業務（主として資金繰り）は、買収直後から発生するため、M&A取引の前から、M&A後の業務をどう引き継いでいくのかを、両社間で話し合っておく必要があります。

M&A後に引継ぎを行ったがために、責任の所在がはっきりせず、現場が混乱し、最後は両社間の信頼関係が壊れ、事業継続に支障をきたしたケースも実際にあります。

point

**M&A後のスムーズな事業引き継ぎのためには、両社間で事前準備をしっかり行うことが重要である。**

question

24

# M&Aにおける、PMIとは何か？

answer

## M&Aの成功はPMIが8割

PMIとは、Post Merger Integration の頭文字をとったもので、買収後の経営統合の各種作業を指します。最近では、「**M&Aの成功は、事前交渉が2割、PMIが8割**」などと言われ、PMIがM&Aを成功させる可否を握っているといっても過言ではありません。

具体的にPMIを進めていくためのポイントは以下のようになります。

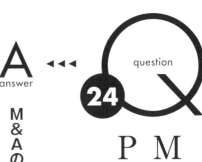

①　経営統合の目的、経営統合後のあるべき姿を明確にすること
②　統合のプロセスとその成果を、文書化などにより明示化し、社員全員が共有できるようにすること
③　統合に必要な各種プロジェクトの責任者を設定し、責任者が推進すべきタスクを明確にすること。また見える化すること
④　シナジー効果の測定は曖昧なものではなく、きちんとＫＰＩ（※）を設定し、効果測定できるようにすること
（※ＫＰＩ（重要業績評価指標 Key Performance Indicators）とは、企業や組織の目標を定めたときに、それら目標を実現するのに必要な具体的方法の実行状況を評価するための定量的な指標）

ＫＰＩは、売上高や利益率など、全社的な目標達成の指標としても使われますが、お問合せ件数や、クレーム発生率など、業務的な評価の指標としても使えます。
ＫＰＩを設定する際には、全社的なＫＰＩと業務的なＫＰＩとを、常に関連づけて

おくことが重要となります。また、その目標値が管理できるものであること、業務執行者が理解しやすい簡潔な指標にすることも重要です。

## ＰＭＩ成功の要因

また、ＰＭＩが成功するための要因は以下となります。

①経営ビジョンと統合目的が明確になっている
②プロジェクト責任者の責任と権限の範囲が明確になっている
③各種プロジェクトの人員配置は、業務に精通した人材で行われ、適切な人員配置となっている
④各種プロジェクトの進捗状況を管理できるよう体制を整え、進捗にあたり課題が発生した場合に、プロジェクトを横断して解決できるような配置となっている

ＰＭＩはＭ＆Ａ後の非常に重要な課題の一つですが、これもソフト・ランディングを大前提にお考えください。ソフト・ランディングを行い、社員や取引先がＭ＆Ａ後の不安から落ち着いたことを確認してからでないと、ＰＭＩは進めるべきではありません。ＰＭＩを始める前に考えることは、**「これまでの体制の維持」「これまでの売上の維持」「これまでの利益の維持」**です。これらを維持できて初めて、経営統合（ＰＭＩ）に進むことを検討してください。

point

**ＰＭＩはＭ＆Ａ後に非常に重要な作業の一つであるが、ソフト・ランディング後に行うことが重要である。**

question

# 25

# M&Aで、シナジー効果を発揮するにはどうしたらよいか?

answer

## A

## シナジー効果はM&Aのボーナスとして考える

「**シナジー効果**」とは、M&Aの書籍に必ず出てくる言葉の一つです。一般に「**相乗効果**」と訳されますが、単純に1+1=2ではなく、その解が3や4になったりする現象を指します。

M&Aのメリットとしてよく挙げられるシナジー効果ですが、これを念頭に買収を計画すると失敗の原因にもなります。もちろん、買収後のシナジー効果を検討しておくことは、M&Aを進めるにあたりとても大切ですが、これはあくまでもボーナスと捉えることです。

「自社の商材を譲渡企業を通じて販売することで、これだけの売り上げ拡大が見込まれる」「自社と譲渡企業との間接業務の統合や店舗などの統廃合で、これだけのコスト削減が見込まれる」など、買収前の検討作業はすべきですが、**「売り上げ拡大」や「コスト削減」を前提に、買収条件を設定すべきではありません。**まずは、「現状の売り上げの維持」「現状の利益の維持」を前提に、買収条件を設定すべきです。

しかし、シナジー効果はM&Aを進めるうえでのメリットであることは間違いありません。買った会社をさらに成長発展させ、シナジー効果を享受できれば、自社もますます強靱《きょうじん》となり、さらに成長を加速させ、次なるM&Aを行うことも可能となります。

## 「業務の融合」より「企業文化の融合」を先に進める

買った会社を成長発展させるために必要なことはなんでしょうか？　私は「**違う会社であることを認識すること**」が第一義であると考えます。

これまでそれぞれ違う環境、違う経営者、違う組織で成長してきた両社です。それぞれ成長のための要因は違いますが、成長を続けています。それを否定して、自社のやり方を押しつけるのは、得策ではありません。まずは今ある体制を維持し、違う会社同士で存続していくことを最初に検討すべきです。

しかし、今の体制の維持のままでは、もちろんシナジーなど生まれるわけがありません。M&A後の不安が払しょくされ、体制の維持を確認できたら、次に検討すべきは「**人事交流**」です。この際の人選ですが、自社の業務に精通し、かつ柔軟な考え方を持った人が好ましいでしょう。人事交流を通じて、両社の企業文化がお互いに流れ込み、自社の良い面悪い面が見えてきます。自社の良い面は相手方へ注入し、自社の悪い面は相手方から良い方法を注入しあうことで、文化の融合が少しずつ始まってきます。

そして、ことあるごとに懇親を深めるためのイベントを企画します。合同の食事会、経営方針発表会、社員旅行など、両社社員が触れ合えるイベントを企画し、実行することで、**企業文化の融合**がますます図られていくことでしょう。

企業文化の融合が進めば、いよいよ商材の投入や間接部門の統一化などの**業務の融合**を図っていきます。企業文化の融合がないままに業務の統合を始めても、共通の価値観がないために、現場が混乱してしまいます。少々時間がかかりますが、「**企業文化の融合→業務の融合**」という順番で進めていくことが肝要です。

**point**

**シナジー効果はM&Aのメリットの1つではあるが、それを最初から目標にすると失敗の原因となるので注意すべきである。**

# 第4章

# M&Aを
# 支援する人たちの裏側

question

26

# M&Aアドバイザーとはどんな仕事をするのか？

answer

## 〝コンサルティング業務の総合格闘家〟

私が中小企業のM&A支援を始めたのは2001年からです。当時、「M&A」といえば、大企業が行うものが大半でした。「M&A」という言葉をインターネットで検索してもヒットせず、また関連書籍もほとんどありませんでした。「**M&Aアドバイザー**」という職業のことも知られておらず、友人や知人に私の仕事の話をしても、理解してもらえないことが多くありました。

しかし、最近では「M&Aアドバイザーになりたい！」と、当社へ入社を志望される方が増えるようになりました。「M&Aアドバイザー」という職業も少しずつ認知され始めているように感じます。この背景には、M&Aが大企業だけのものではなく、中小企業にも広く普及し始めていることもあるでしょう。

さて、そんなM&Aアドバイザーですが、どんな職業なのでしょうか？　一言でいえば、「**M&Aに関する各種アドバイスを行うコンサルタント**」です。しかし、その業務内容は実に多種多様です。

文字通りM&Aに関するアドバイスを行うわけですが、M&Aを進めるには様々な知識が必要になります。税務、会計、会社法、労働法、業法、業界に関する知識、経営に関する知識などです。また、相手方との交渉も担当するために、交渉能力や営業力、コミュニケーション能力なども必要になります。また、さまざまな方とおつきあいをするために、一般的な知識と幅広い教養も求められます。

こうして、非常に幅広い知識と能力が要求されるために、M&Aアドバイザーは「**コンサルティング業務の総合格闘家**」と呼ばれます。専門分野に特化したコンサルタントとは違い、あらゆる知識と能力を駆使して、企業のM&Aを成功までサポートします。

こうした業務のため、真のM&Aアドバイザーになるには、「**常に学び続ける姿勢**」と「**いろいろなことに興味を持つ姿勢**」が必要、かつそれ相応の経験が必要です。

そのため時間はかかりますが、アドバイザーとして一人前になり、一人で業務をこなせるようになると、これほど楽しくやりがいのある仕事はないかと思います。

## M&Aアドバイザーの仕事

M&Aアドバイザーの最初の仕事は「**目利き**」です。「この会社は売れるのか否か」を、ヒアリングや資料の分析を通じて判断していきます。これは一朝一夕に身につくものではなく、数多くの企業と接し、M&A業界のトレンドも把握しながら、その目利き力を上げていくこととなります。

「この会社は売れる！」と判断すれば、細かい資料などを収集しながら、さらなる分析と相手方へ提供するための**プレゼンテーション資料を作成**していきます。プレゼンテーション資料を作成する際、企業の様々な資料を拝見するので、おかしな点やM&Aを進めるにあたって障害になる点なども確認していきます。

資料が作成できれば、次は「**リスティング**」を行います。リスティングとは、相手候補先企業をリスト化していく作業です。譲渡希望企業がより成長できるようなパートナーの観点で、相手先を見つけていきます。このとき、30~50社程度をピックアップします。このときに作られるリストを「ロングリスト」と呼びます。

「**ロングリスト**」から、譲渡希望企業とのミーティングを通じて、さらに絞り込みを行います。絞り込みの観点は、譲渡希望企業との取引の有無や、商材、製品、サービスなどが合致するか、ニーズが合致するか、などです。このときに10~15社程度に絞ります。絞られたリストを「ショートリスト」と呼びます。

「**ショートリスト**」が完成したら、いよいよ相手先への提案を始めます。先に作った企業概要書を資料として、相手先にプレゼンテーションを行います。相手先に開示する企業概要書は、譲渡希望企業の財務データなども含まれるので、資料を開示する前に秘密保持契約を締結し、情報漏えいがないよう、細心の注意を払って進めていきます。

相手先が関心を持ち、「交渉を進めたい」となれば、いよいよトップ面談に入ります。直接お会いいただく場面です。ここで、会社見学や工場見学なども行いますが、社員のみなさんには極秘で進めるのが通例ですので、平日ではなく、会社がお休みの日を狙って実施します。

両社でお会いいただき、「さらに交渉を進めたい」となれば、いよいよ条件面をつき合わせていきます。「**基本合意契約**」と呼ばれる、両社で「売ります」「買います」を合意するための契約に向けて、まずは大まかな条件を詰めます。ここで詰めるのは「**譲渡金額**」「**譲渡日**」などです。

「基本合意契約」を両社で締結できれば、次は「**買収監査**」に進みます。これまで売り手が提供してきた各種資料が「本当に正しいのか？」をチェックしていただく場面です。主として、資産の実在性と負債の網羅性をチェックします。弁護士が入って法令順守の観点でチェックすることもあります。

「買収監査」が終了し、諸問題について両社で合意ができれば、いよいよ最終合意契約となる「**株式譲渡契約書**」の作成にかかっていきます。株式譲渡契約書では、譲渡金額、譲渡日、支払方法、役員変更、引継ぎ方法、旧経営陣の取り扱い、表明保証事項、損害賠償条項など、M&A後のトラブルを想定して、売り手・買い手双方が気になる様々な点について、条項を作成し記載していきます

両社で株式譲渡契約書の内容について合意できれば、「**デリバリー**」と呼ばれる代金決済と株券受け渡し作業の準備をしていきます。代金の準備、株券の準備、役員変更登記のための書類準備、株券の譲渡制限会社であれば、譲渡承認手続きのための書類準備をします。また、法人の資産で、譲渡後に個人に渡したいものなどがあれば、その手続きについても進めます。たとえば、売り手が日頃乗っている法人名義になっている車両とか、ゴルフ会員権、携帯電話なども対象になります。

譲渡予定日までにデリバリー準備を整えたら、いよいよ契約調印式と代金決済・株券受け渡しを行います。これまで経営してきた会社を譲る側、譲り受けてこれから経営していく側、とそれぞれが大きな節目となりますので、当日はセレモニーとして、

お互い正装し、しかるべき場所で重々しく作業を進めていきます。

契約が調印され、代金が振り込まれ、株券を譲り渡したら、役員変更登記の実行と、関係者に対してM&Aを行った旨の報告、「**ディスクローズ**」を行います。ここで、関係者は初めてM&Aの事実を知り、買い手は気持ちを新たにして、新経営者として経営をスタートさせます。

## 大変だが達成感のある仕事

以上がM&Aアドバイザーの一連の仕事です。ご覧いただいたように、売り手のM&Aのスタートからゴールまでのすべてをサポートし、各場面において、適切なアドバイスをし続けます。その場面では、法律問題や人事問題、感情論的なお話など、いろいろな問題が出てきたりします。また、交渉や書面の作成など、M&Aの取引が滞りなく進むよう作業を進めます。その場面では、第三者が絡んできて、両社間だけでは解決できない問題が発生したりします。

これら、複雑に絡み合ったひもを一つずつ解きほぐし、最終合意契約まで導いていくM&Aアドバイザーが、「コンサルティング業務の総合格闘家」と言われる所以をご理解いただけるかと思います。

M&Aアドバイザーは、非常に大変な仕事ですが、それゆえに誰もができるわけではなく、一つのM&Aを成約させたときの達成感は他には代えがたいものがあります。

point

**広範な知識やスキルが求められるM&Aアドバイザーは「コンサルティング業務の総合格闘家」である！**

question

27

# M&Aアドバイザーの種類には、どんなものがあるのか？

answer

A

## 対象とする顧客、市場、業務内容で分けられる

M&Aアドバイザーは1種類だけではありません。対象とするお客様やマーケット、業務内容により、各種あります（図表15）。

### ❶ 大企業を対象とするM&Aアドバイザー

大企業のM&Aを支援するM&Aアドバイザーは「**フィナンシャルアドバイザー**」

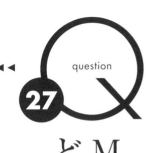

**■図表15　M&Aアドバイザーの種類**

**1** 大企業を対象とするM&Aアドバイザー

**2** 中小企業を対象とするM&Aアドバイザー
- 代理人形式
- 仲介人形式

**3** 海外企業とのM&A(クロスボーダーM&A)を対象とするM&Aアドバイザー

とも呼ばれ、顧客の代理人となってM&A取引のサポートを行うM&Aアドバイザーです。

最近では日系企業の海外企業買収が増加しており、こうした取引のサポートを行ったりします。また、大企業が束ねる何百社という子会社の切り離しなどもサポートしたりします。主として、大手証券会社やメガバンクのM&A部隊が行い、M&Aサポートの場面では、複数人がチームを組んで対応します。

## ❷ 中小企業を対象とするM&Aアドバイザー

中小企業のM&Aを支援するM&Aアドバイザーは、代理人となるフィナンシャルアドバイザーの形式と、仲介人となるアドバイザーの形式とに分かれます。中小企業の場合、大企業のように組織や内容が複雑でないことが多いため、一人の担当者が1社を担当するケースが多くあります。

仲介形式の場合、利益相反の問題がありますが、一方で、両社の意見を聞きながら進めていくため、交渉がスムーズに進みやすいというメリットもあります。

中小企業の場合、年に何件ものM&Aを行うことはありませんので、中小企業のM&Aアドバイザーは毎年違ったお客様とおつきあいを重ねていきます。

## ❸ 海外企業とのM&Aをサポートするアドバイザー

海外企業とのM&Aを「**クロスボーダーM&A**」といいます。クロスボーダーM&Aは、国によって法制が違い、また国民性・文化性も違いますので、一人のM&Aアドバイザーが全世界を対象にすることは不可能といっても過言ではありません。よって、M&Aアドバイザーによって対応できる地域があり、その専門性をもって、日系企業と海外企業とのM&Aをサポートします。

この場合、フィナンシャルアドバイザーとして、日系企業側の代理人としてM&Aサポートにまわり、海外企業側には海外のM&Aアドバイザーが代理人としてつくケースが多いです。

## M&Aアドバイザーを選ぶポイント

M&Aアドバイザーには公的な資格もなく、また宅地建物取引業者のように許認可が必要な仕事でもありません。よって、その力量は個々人の能力や経験などが大きく左右します。また、そのアドバイザーが持っている情報網なども成約に大きく影響します。そして、人柄などもとても重要です。長い期間、膝を突き詰めてつきあっていくM&Aアドバイザーです。フィーリングが合うことは、とても大切です。

また、「近くにいる」ということも大切なポイントです。トラブルが発生したときにすぐに駆けつけてくれるフットワークの軽さが望まれます。M＆Aアドバイザーを選ぶ際の参考としてください。

point

**M＆Aアドバイザーには種類があり、また、その能力は個々人によって違うため、選ぶときには慎重に。**

question 28

# M&Aアドバイザーに支払う報酬の考え方

answer

## アドバイザーの報酬基準には体系がない

M&Aアドバイザーにアドバイスを依頼する場合、そこには報酬が発生します。その報酬は統一された報酬体系があるわけではなく、その内容はM&Aアドバイザーによってバラバラです（図表16）。

■図16　M&Aアドバイザー報酬の種類

❶ 着手金＋成功報酬

❷ 成功報酬のみ

❸ 月額報酬＋成功報酬

## ❶着手金＋成功報酬のパターン

アドバイザリー契約を締結する際に着手金を支払い、その後、M&Aが成約した際に成功報酬を支払うという、2段階で報酬を請求するパターンです。

着手金は企業の内容によって、10～200万円程度と幅広いですし、各社によって違います。成功報酬は、譲渡企業の時価総資産に料率をかけるパターン、売買金額に料率をかけるパターンがあります。また、その際の料率は一定の料率である場合と、レーマン方式（※）と呼ばれる、料率を段階的に変化させる場合とがあります。

（※ドイツ人経営学者レーマンの学説から

編み出された成果配分方式。移転した資産の価額に対して、一定の料率を乗じた価格を報酬として計算する。たとえば、移転する資産が7億円の場合、5億円までを5%、5億円から7億円までの部分の2億円には4%と、段階的に変化させる。資産が7億円の場合、単純に4%を乗じるわけではなく、5億円部分に5%を乗じて2500万円、5億円を超え7億円までの2億円部分に4%を乗じて800万円、先の2500万円と800万円を合計して、3300万円が成功報酬となる）

## ❷成功報酬のみのパターン

アドバイザリー契約を締結する際に着手金を支払う必要がないパターンです。依頼をする企業にとっては負担が少なく、M&Aに取り組みやすいというメリットがあります。

ただし、負担が少ないだけに気軽に申し込むことができますが、M&Aアドバイザー側の責任も報酬をもらっていないだけに希薄になり、取り組みやすい案件から手をつけ、順位が後回しになった場合、売り手の希望のようにM&Aが進まなくなる恐れもあります。M&Aが成約した場合の成功報酬は、前項のパターンと同じです。

### ❸月額報酬+成功報酬のパターン

着手金ではなく、コンサルティング費用として毎月報酬を支払っていき、M&Aが成約した場合に成功報酬から毎月の報酬分は差し引かれるパターンです。たとえば、月額報酬を10万円ずつ毎月支払い、1年後にM&Aが成約に至り、成功報酬として2000万円を支払うとなった場合、月額報酬の合計120万円は成功報酬の内金扱いとなり、残りの成功報酬として1880万円を支払うことになります。

この場合、毎月報酬を支払うために、M&Aアドバイザーの責任意識も濃くなり、緊密な連携がとれることは間違いありません。ただ、依頼者側は成功するか否かが不確定な状態で報酬を払い続けることになるので、負担が重くなります

このようにM&Aアドバイザーに支払う報酬も、アドバイザーごとにまちまちです。また、成功報酬の料率もまちまちです。ただ、安いから良いのではなく、M&Aアド

バイザーの実績や能力なども一緒に評価しながら選定をすることが必要です。

point

**M&Aアドバイザーの報酬は体系だったものがなく、アドバイザーによってまちまちなので、依頼時に確認は必須である。**

question

29

# M&Aにおける、顧問税理士・会計士の役割には何があるか

answer

## 税理士・会計士の出番

たいていの企業には顧問を依頼している税理士や公認会計士がいるかと思います。これら税理士や公認会計士には、M&Aの際にどんな役割を担ってもらえばよいでしょうか。

顧問税理士や会計士は、その企業の会計面、税務面について、よくご存知ですから、M&Aを進めるにあたって、その方面のアドバイスを受けられれば良いでしょう。

たとえば、株式を譲渡した際には、株式取得価額と譲渡価額の間に譲渡益が発生すれば、課税関係が発生します。また、M&Aに際して役員退職金を支払うとすれば、そこにも課税関係が発生します。また、役員退職金については、支払いの際に損金算入可能なのか否かの検討が必要になり、その点で、長年、その企業の税務会計を見てきた顧問税理士や会計士が活躍してくれるものと思います。

## 困った税理士・会計士の例

その一方で、M&Aの目的を理解せず、目の前の課題だけしか目の届かない税理士や会計士も散見されます。たとえば、M&Aの目的が事業承継である場合、会社を譲り、今後も永続的に経営を任せられる相手を第一義に考えるべきところ、金額面に固執し、「このM&Aは進めるべきではない」と進言する税理士に過去出会ったことがあります。その結果、M&Aは中断し、その後、条件変更に応じることもないまま相手が見つからず、80歳近くになってもまだ経営を続けておられる経営者がいます。こうなると、非常に不幸です。

M&Aを進めるにあたり、条件面をシビアに検討することは非常に大切なことですが、譲る点と譲れない点を明確にしておかなければ、交渉はうまくいきません。本来の目的を理解し、アドバイスをするのが顧問税理士の役割でしょうが、残念ながら目先のアドバイスだけをする方が一部にいらっしゃることは事実です。

## 頼りになる税理士の例

その一方で、企業の将来を鑑み、的確なアドバイスをする税理士さんもいらっしゃいました。その方は、日頃からその企業に後継者がいないことを心配されていたそうです。ただ、自身には策がないことから、困っていたようです。ある日、その企業の社長から「M&Aで会社を譲渡し、後継者問題を解決したい」と相談されたとき、それは良い決断だと協力を約束し、その企業の税務会計に関するデータや、登記関係に関する資料、労務関係に関する資料など、その税理士が保有するあらゆるデータを提供してくれました。もちろん会社にあるべき資料なのですが、まだ社内には公表していないので、内密に集めるにもいろいろと苦労があります。そんな中、顧問税理士が代わりに資料収集をしてくれたため、社内に不審がられることなく、M&Aを進めることができました。

顧問税理士や会計士に登場いただく場面として、**買収監査の立会い**があります。買い手から派遣された公認会計士などが監査をするとき、対象企業の税務会計を担当している税理士にヒアリングをすることは、手っ取り早い方法です。その段階で顧問税理士にお話しをする方もいらっしゃいます。

また、決算期の到来がまだ先で、期中でM&Aを進める場合、最新の試算表や、期中での決算を組むことも必要になります。そのため、顧問税理士に期中決算の手続きをお願いする場面がでてきます。別途報酬は必要でしょうし、顧問税理士の業務の都合も確認する必要があります。事前にお話しして、スケジュール調整を依頼しておくことも考えておきましょう。

いずれにせよ、**M&Aを進める中で顧問税理士は非常に頼りになる存在です**。本来の目的を見失わないことを前提として、うまく活用されることをお勧めします。

point

**自社の顧問の税理士や会計士は専門家として頼りになる一方で、M&A遂行の妨げになる可能性があるので、うまく活用すべし。**

question
30

# M&A情報は、どのようにして世の中に流れていくのか？

A
answer

## M&A情報はこのように流れていく

現在、当社に寄せられる中小企業のM&Aの相談は、「会社を買いたい（買収）」が70%、「会社を売りたい（売却）」が30%という割合でしょうか。譲渡希望者は潜在的には多いと考えられますが、買収希望者は手を挙げやすく、譲渡希望者は手を挙げにくいため、こうした結果になると考えています。

とはいえ、中小企業M&Aにおいては、圧倒的に売り手市場であり、買収希望者に

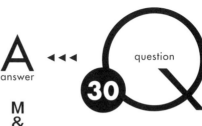

とってはなかなか希望する条件に合致した対象案件が見つからないのが現状であることは間違いありません。

「M＆Aを進めたい！」と考えたら、まずはM＆Aアドバイザーに相談しましょう。これらM＆Aアドバイザーは、①買収希望情報や譲渡希望情報を集めて紹介する機能と、②M＆Aを実際に進める際に必要となる各種手続きのアドバイス業務の両方を担っています。

現在、中小企業のM＆Aアドバイザーには、証券会社・メガバンク・地方銀行・信用金庫などの金融機関、会計事務所、M＆A専門会社など、数多くありますが、それぞれ一長一短があります。

証券会社やメガバンクなどは、全国ネットワークを駆使して情報を収集するので、その点は非常に頼もしい存在ですが、成功報酬は概ね高額になりがちです。地方銀行などの地域金融機関は地元に根差していて、綿密な情報網を持つ代わりに、地元以外の情報はなかなか手に入りにくいというデメリットがあります。会計事務所は、M＆Aだけでなく、その周辺、たとえば税金問題や法律系の問題まで幅広く対応できる利

■図表17　M&A情報の流れ

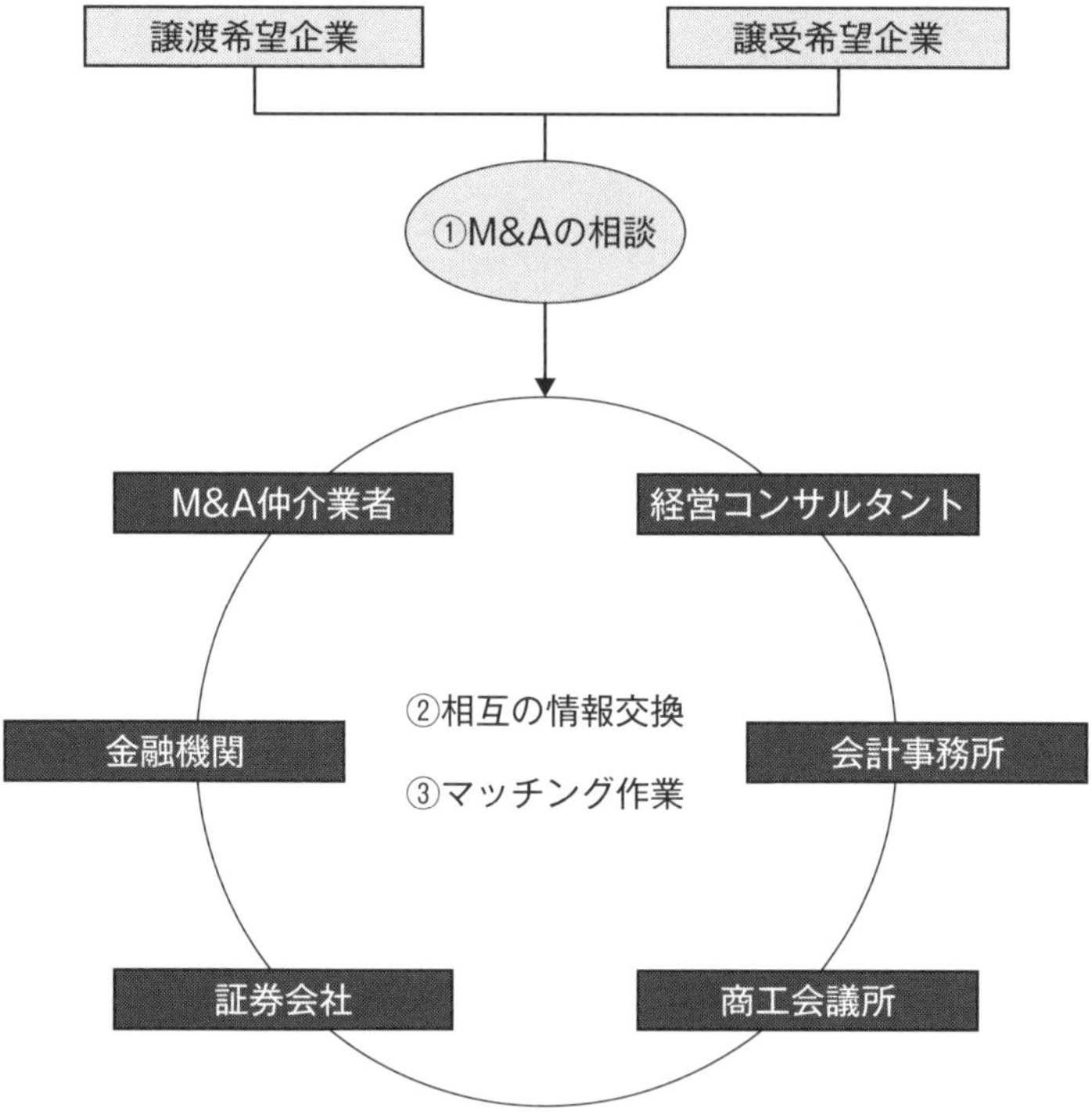


※情報交換作業は情報交換を行う者同士が秘密保持契約を締結した上で行われる。よって、情報がまったくの第三者に漏洩することはない。

※マッチング作業は相談を受ける者が独自に探索することもあり、また情報交換によってなされることもある。

点があります。Ｍ＆Ａ専門会社はＭ＆Ａ情報は多数保有していますが、Ｍ＆Ａが専門だけに、それ以外の点で疎いケースがあったりします。

Ｍ＆Ａは不動産情報のように公開された情報ネットワークがあるわけではなく、個々のＭ＆Ａアドバイザーが、それぞれ提携関係にあるアドバイザー同士で情報交換を行っているにすぎません（図表17）。

よって、買収を希望される方は、様々なＭ＆Ａアドバイザーにその希望を出しておくことをお勧めします。譲渡を希望される方は、Ｍ＆Ａアドバイザーとの契約は基本的に専任契約となりますので、複数のアドバイザーと面談されたのち、自社にフィットするアドバイザーを見つけることが肝要です。

最近では、ネット上におけるＭ＆Ａマッチングサイトが盛り上がりをみせていて、Ｍ＆Ａ情報がネットで検索ができるようになりつつあります。今後は、各Ｍ＆Ａアドバイザーの情報交換と平行に、Ｍ＆Ａマッチングサイトでの Ｍ＆Ａも増えていくのではないかと推察します。

point

M&A情報は、個々のアドバイザーの情報交換によって流されており、その仕組みは極めてアナログ的である。

# おわりに

私がM&Aの支援を始めたのが2001年。当時のM&Aの状況と現在を比べると隔世の感があります。M&Aに対する世の中の認識は大きく好転し、M&Aに関する書籍やホームページはあふれ、M&Aに関心を持つ企業はとても多くなっています。

とはいえ、M&Aアドバイザーという職業はまだまだ理解されていない部分が多々あると思います。「ブローカー」とか「ただのマッチング屋」など、少々心を痛めるお言葉を頂戴することもあります。

私自身はM&Aアドバイザーという職業を、非常に価値あるものと考えています。経営面、法律面、税務面、会計面など多方面にわたる知識が必要で、しかも、希望条件が相反する企業同士が一緒になるためのスキームを構築し、両社に理解してもらえるよう説明・交渉をしていくための機微、洞察力、交渉力などの人間力も求められます。また、理路整然とする部分を持たなければならない一方、熱い情熱も必要です。

これだけのものを求められる職業は他にそう多くはないと思っています。

M&A取引を成功に導き、両社にとって「良いM&Aでした」という言葉をお聞きしたときは、数カ月かけてきた頑張りが報われる瞬間です。M&Aは途中でいろいろな出来事が起こりますし、こと譲渡企業の経営者にとっては、自らが長年育ててきた会社を他社に〝委ねる〟瞬間であり、そこには数多くの思いが去来しているはずです。また、買収企業の経営者にとっても、その企業を責任もって引き受けていかなければならない瞬間であり、また、多額の投資をしていることでもあり、心身ともに引き締まるときであります。

M&Aには関係者それぞれの立場の中でのドラマがあり、同じM&Aは2つと存在しません。それだけに、その支援に携わるM&Aアドバイザーという職業はやりがいもあり、また、みなさんにその実態を知っていただきたく、本書を執筆しました。

中小企業のみなさまにとって、本書がお役に立つことを願ってやみません。

2016年6月吉日

名南M&A株式会社　代表取締役社長　篠田康人

【著者紹介】

## 篠田康人（しのだ・やすひと）

名南 M&A 株式会社 代表取締役社長

1973 年生まれ。1999 年、株式会社名南経営（現・株式会社名南経営コンサルティング）に入社。2001 年、M&A 支援業務を手がける企業情報部を立ち上げ、2009 年 1 月より部門マネージャーに就任。2014 年 10 月、会社分割により名南 M&A 株式会社を設立、代表取締役社長に就任。中小企業の事業承継型M&A 支援を中心に、これまでに200件を超えるM&A 成約実績を有する。中小企業向けコンサルティングの経験に裏づけられたコンサルティングと持ち前の情熱で、中小企業経営者の M&A を力強く支援する。座右の銘は「人間一生勉強」。中小企業診断士、宅地建物取引士。

**名南 M&A 株式会社**

名南コンサルティングネットワークにおいてＭ＆Ａ支援を専門に手掛け、中小企業の事業承継や海外進出をＭ＆Ａを通じて支援する。地域密着にこだわり、主に東海地区と関西地区の金融機関や会計事務所と連携して、地域に根付いたＭ＆Ａを行っている。名南コンサルティングネットワークは、税務・法務・労務・企業経営・海外進出支援など、企業経営をあらゆる視点からサポートする 500 名を超える専門家集団であり、名南Ｍ＆Ａは彼らとともにＭ＆Ａの成約をワンストップサービスでサポートしている。

〈連絡先〉
〒 450-6334 名古屋市中村区名駅 1 丁目 1 番 1 号　JP タワー名古屋 34 階
TEL 052-589-2795
http://www.meinan-ma.com/

Q&Aでよくわかる
# 中小企業のためのM&Aの教科書

2016年8月2日　初版発行
2019年6月27日　二刷発行

著　者　篠田康人
発行者　野村直克
発行所　総合法令出版株式会社
〒103-0001　東京都中央区日本橋小伝馬町15-18
ユニゾ小伝馬町ビル9階
電話 03-5623-5121（代）

印刷・製本　中央精版印刷株式会社

落丁・乱丁本はお取替えいたします。

ISBN 978-4-86280-514-0
総合法令出版ホームページ　http://www.horei.com/